7招打造超级谈判力

Boost Negotiation Skills In 7 Ways

季 婉/著

中华工商联合出版社

图书在版编目(CIP)数据

7招打造超级谈判力 / 季婉著. — 北京：中华工商联合出版社，2022.8
ISBN 978-7-5158-3507-5

Ⅰ.①7… Ⅱ.①季… Ⅲ.①谈判学—通俗读物 Ⅳ.①C912.3-49

中国版本图书馆CIP数据核字（2022）第 114472 号

7招打造超级谈判力

作　　者：	季　婉
出 品 人：	李　梁
责任编辑：	付德华　楼燕青
装帧设计：	周　源
排版设计：	水日方设计
责任审读：	付德华
责任印制：	迈致红
出版发行：	中华工商联合出版社有限责任公司
印　　刷：	北京毅峰迅捷印刷有限公司
版　　次：	2022年8月第1版
印　　次：	2022年8月第1次印刷
开　　本：	710mm×1020mm　1/16
字　　数：	200千字
印　　张：	14.75
书　　号：	ISBN 978-7-5158-3507-5
定　　价：	59.90元

服务热线：010—58301130—0（前台）
销售热线：010—58302977（网店部）
　　　　　010—58302166（门店部）
　　　　　010—58302837（馆配部、新媒体部）
　　　　　010—58302813（团购部）
地址邮编：北京市西城区西环广场A座
　　　　　19—20层，100044
http://www.chgslcbs.cn
投稿热线：010—58302907（总编室）
投稿邮箱：1621239583@qq.com

工商联版图书
版权所有　侵权必究

凡本社图书出现印装质量问题，请与印务部联系。
联系电话：010—58302915

序

在从事销售咨询和培训的多年时间里,我每年都会接触上万名一线销售和销售管理者,会和其中一部分人进行深入的沟通。当一个公司有了一套相对完善的销售流程和销售管理体系后,对于销售业绩的提升似乎有了抓手,销售团队有了可以复制的方法论和工具,但还有什么在阻碍我们的利润提升呢?不同企业或同一企业在不同的发展阶段的战略目标是不同的,但最后都会汇集成一个共同的目标,那就是企业利润的提升。没有利润就没有员工的满意度,没有员工的满意度哪来的绩效?什么是让我们获得利润的"最后一公里"呢?那就是超级谈判力。当我们能够清晰地了解客户的需求,并提供满足需求,同时也让对方认可价值的产品或服务后,双方就将进入集中的谈判阶段,最后达成合作。在这个过程中,很多不精于谈判的销售人员,可能会丢掉本该属于己方的利益。无论是出于对关系的维护考虑或准备得不充分,又或是对于谈判对手信息的缺失或过于自信等原因,最终失去了双赢的机会。

在《7招打造超级销售力》一书中,我谈到少量谈判力的内容,是为了助力销售人员可以顺利拿单。当时,很多读者朋友们希望我能单独出一本关于谈判的书,于是这本专门围绕打造超级谈判力的书便应运而生了。

该书中的7招,是集我超过20年的实战和7年多在谈判领域的学习和研究所得之精华，不仅适用于工作场景，同样也适用于生活中的各类谈判场景。把握好你的资源，挖掘更多的信息，做好谈判前的准备，制定好谈判的策略，避开谈判的坑。人生无处不谈判，祝你在谈判的路上更进一步！

李婉

2022年7月

前　言

打造谈判力的重要性

大多数人是低效的谈判者，他们无法在谈判中获益，更没有意识到谈判是一项核心的管理能力，会影响一个人的一生。

本书所提及的"谈判"一词的定义是：人与人之间协商分配有限资源的过程。谈判，由"谈"和"判"两个字组成，"谈"是指双方或多方之间的沟通和交流，"判"就是决定一件事情。只有在双方之间沟通和交流的基础之上，了解对方的需求和内容，才能够做出相应的决定。谈判是让别人支持我们从对方那里获得我们想要的东西的一个过程，也就是协商分配有限资源的过程。除正式场合下的谈判外，一切协商、交涉、商量、磋商等都可以看成是广义的谈判。狭义的谈判仅仅是指正式场合下的谈判。

而对"谈判力"一词的定义则是让谈判双方双赢或多方共赢的综合能力，包括思维、策略、技巧等。

（一）多少次谈判的失败造成了双输甚至多输的局面

● 1998年，全美篮球协会的所有者因与运动员薪资的谈判陷入僵局，致使停赛202天，造成协会所有者损失大约10亿美元，运动员的工资损失大约5亿美元，球迷们因此感到沮丧而不再关注篮球赛事，赞助商和广告商也损失了数百万美元的收入。

- 你是房东，你的房子已经空置了好几个月，终于有一位房客对你的房子感兴趣，通过中介和你讨价还价。去年，你的房租价格还是10 000元，但是因为疫情原因，你了解到今年房租价格有所下降，根据市场行情，你准备开价9 000元，底线是8 500元，但希望房客付三押二，因为你担心房客不稳定，免租期给了一周时间（你最多可以接受10天，但你没和中介说）。没想到，中介和你说房客开价7 500元。还没等对方说完，你生气得一口回绝，还坚称决不会再跟这个没有任何诚意的房客沟通了。其实你不知道的是，这个房客的底线是8 600元，可接受付三押二，但是因为免租期的原因，中介想压你一下，以此作为条件交换，让你答应10天的免租期。

- 你的一位好友提出问你借钱，你不好意思回绝，也不好意思张口提及他空置的别墅是否可以免费借给你和父母居住一年，你愿意缴纳对方的物业管理费。你因顾及彼此的感情和关系，借给他一些钱，但你不知道的是，其实他一直为空置的别墅发愁，特别希望有一个信得过的朋友能帮忙照料别墅里的花花草草，再说房子久了没人住，家具家电也很容易损坏，还有人帮他缴纳物业管理费，何乐而不为呢？

（二）谈判力是一种核心管理能力

多变的商业模式和市场环境，意味着在整个职业生涯你需要为自己在各组织的地位进行一再谈判。比如，很少有人愿意在毕业后因获得的学位而坚守同一份工作，这就意味着人们必须不断地创造机会，将个人利益与他人利益相融合，处于不断地应对谈判机会的状态中。入职需要谈判，岗位变更或升迁需要谈判，离职可能也需要谈判，谈判不仅限于买卖，更存在于绝大部分的沟通中，谈判是一种核心的管理能力。

（三）大多数人是低效的谈判者

之所以说大多数人是低效的谈判者，是因为我们经常容易犯以下四个错误：

错误一，谈判破裂。把原本的双赢弄成了双输。

错误二，容易妥协。一旦妥协，可能只能得到交易利益中极小的部分，满足于过少的利益。

错误三，拒绝接受。拒绝对方提出的条款，而这些条款后来被证明是自己最好的选择。

错误四，选择较差。当谈判者感到不得不达成共识时，可能会满足于选择条款中较差的一些条款。

本书将通过7招教会你如何避免这些失误，如何在谈判中创造价值，如何获得更多利益，如何把握谈判达成共识的最佳时机。

沟通与谈判的区别与联系

如前所述，谈判的定义是人与人之间协商分配有限资源的过程，需要达成一致。谈判的特殊之处在于双方都有决策权。

谈判是一种沟通，但沟通未必都是谈判，这主要看决定权在谁手中。沟通与谈判的关系如图一、图二所示：

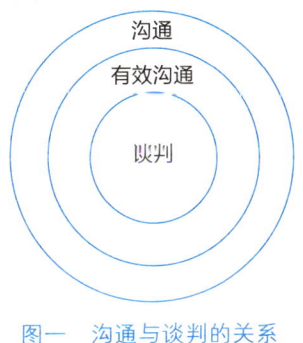

图一　沟通与谈判的关系

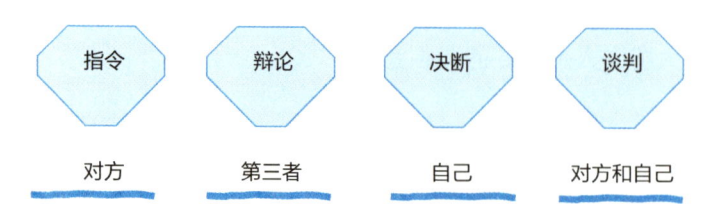

```
指令        辩论        决断        谈判
对方        第三者      自己       对方和自己
```

图二　决策权在谁手中

"指令"通常指上级对下级的命令，决策权在上级。被命令的一方除了服从别无选择，不能自由做出决策。我在给某些企业培训的过程中，发现他们所说的"谈判"是必须要签下客户，当谈判陷入僵局时，只能由我方先做出让步或听命于对方开出的条件。这种情形某些时候并不属于谈判，因为决策权在对方手中。

"辩论"是指立场不同的两人进行讨论，由第三方来进行评判的过程。比如，律师和检察官各持相反意见进行交锋，最终是由法官判决的过程就是属于典型的辩论场景，不属于谈判。

"决策"可以理解为"与自己交流"的过程，决定权完全掌握在你的手中。比如，你正在为"是考研还是工作"而烦恼，你可以就"考研"和"工作"的利弊进行对比，从而推导出你认为的最佳答案，这就属于"决策"，也不属于谈判。但"决策"存在一定的边界，比如决策"考研"后，实施这一目标还需要他人的同意，比如父母的资金赞助，就需要用到"谈判"来进行沟通，通过分析利弊，得出利大于弊，与父母达成共识，以获得父母的支持。

在谈判过程中，由于决策人还有对方，如何说服对方接受你的最佳方案，除了技巧，更需要策略，需要我们掌握一些心理学原则。

销售在谈判中的作用

谈判的核心是交换，如果在谈判前不能先呈现出你准备交换的东西的价值，那你就需要付出好几倍的代价，所以谈判前仍然需要"销售"。如图三所示，如果你的销售力不足6分，对方对你没兴趣，不愿意与你交换，谈判就不会开始；如果你的销售力在6~7分，对方只愿意接受你的一种交换方式，那就是"降价"，你的谈判余地很小；如果你的销售力在7~10分，对方愿意接受你除了"价格"外的其他交换条件，你的谈判余地将慢慢变大；当你的销售力很强时，比如体现了无可替代的优势，对方甚至愿意接受你的任何条件，你不用做任何让步就能和他达成一致，这时你在谈判中就处于绝对优势。所以，谈判力固然重要，但销售力需要先行提升，这样才能大大降低谈判的压力。

有关如何提升销售力，具体可详见《7招打造超级销售力》一书。

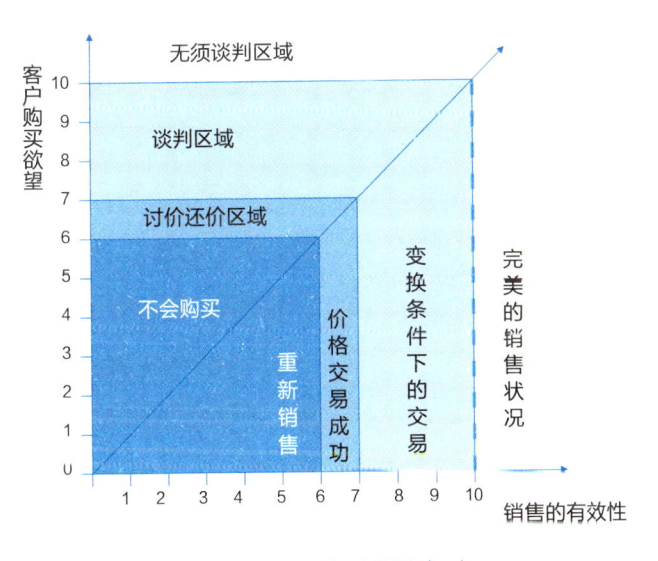

图三　销售对谈判的影响

目录 Contents

第1招　掌握与谈判相关的心理学原则　001

喜好原则——营造氛围　004

互惠原理——释放善意　007

锚定效应——抢先开价　011

稀缺效应——提升价值　016

沉没成本——资源投入　018

承诺一致——推进执行　020

逆反心理——钟摆原理　024

损失厌恶——沟通话术　025

第2招　审视心态　029

影响心态的主要原因　031

审视你的心态　041

审视对方的心态　044

增强内心力量的方法　046

坚持谈判中的原则　048

第 3 招　应对不同的谈判风格　061

五种谈判风格　064

自我情商修炼　070

避免冲突性沟通的3F倾听法　077

第 4 招　做好谈判准备　089

谈判目标、BATNA与底线　091

谈判区间ZOPA　103

谈判筹码　106

第 5 招　制定谈判策略　121

双赢的含义　123

促成双赢谈判的有用策略　128

谈判三阶段策略　131

创造性谈判　140

第 6 招　运用技巧完成谈判三步骤　149

铺垫谈判　151

解决分歧　155

达成协议或谈判破裂　180

第7招 迈出第一步 183

谈判误区　185

综合运用案例解析　187

迈出第一步　194

附录　练习题参考答案　197

掌握与谈判相关的心理学原则

第1招

有一道非常著名的心理学命题：

A和B是两个素不相识的人。他们在路边遇到一位富翁。富翁对他们说："现在我手上有100万元。如果你们商量好如何分配这笔钱，那么就能得到这笔钱。前提是A只能向B询问一次，B听了A的提议后，可选择是否接受，但B不能向A提出分配建议。如果B不接受A的提议，那你们两人一分钱也得不到。游戏结束，你们两人再也没有机会见面。"

如果你是A，你应该向B提出要多少钱呢？

这是一个有关谈判的非常著名的游戏，被称作"最后通牒游戏"。

在培训时，我也给学员们出过这道题，有人提50万元，有人提40万元，有人说90万元。如果从经济合理性考虑，A给B1元应该是最合理的一个答案，因为对B来说，他不答应就连1元也没了，从谈判利益最大化角度看，这个答案很合乎情理。

但是，在现实中，这种极端的提议能得到对方的同意吗？"什么？！他拿999 999元，只给我1元？太贪得无厌了，那1元我干脆不要了！"最后，B拒绝了A的提议，以两个人都分文未得而结束了这场游戏。

这个游戏教会我们一个道理，人是有限理性的，人在决策的瞬间是感性的。在绝对理性的前提下追求完全利益最大化的谈判，在现实中是不可能实现的。因为在现实生活中，进行谈判的双方在日后很可能还会打交道，如果因为这一次事情让对方产生强烈的反感或让对方感觉吃亏的话，那么在以后的合作中遭到对方报复的可能性就非常大。

谈判不仅是理性的分析，更是感性的影响，掌握一些重要的心理学原则，对谈判非常有益。

喜好原则——营造氛围

人们都喜欢和自己喜欢的人合作，"关系"让谈判变得更容易。

多年前，有三位教授做了一项谈判研究，观察谈判双方如何讨价还价的，结果他们发现，熟悉的朋友间的还价方式比较"温和"，一般喜欢作出更大让步，更少发生争论，提供更多真实的信息，更喜欢靠直接、简单的妥协来达成协议。当然，这种直接简单的妥协不一定是解决问题的最佳方案，但足以说明"关系"让谈判变得更轻松。如果是陌生人，导致我们更容易表现出竞争型的自私行为。还有一种关系是介于陌生人和朋友之间的，叫作"中间关系"，也就是日常业务往来中的交换关系，这种关系是基于一定程度的信任和互惠，既不会过度防御，也不会简单地妥协，这种关系有利于双方都寻求到自己的最佳利益。如何能建立高度信赖的中间关系呢？相似性原则帮助我们找到了答案。

《影响力》一书中指出，我们大多数人总是更容易答应自己认识和喜欢的人所提出的要求。大家有没有发觉，我们接到一个陌生的电话，如果是陌生人打来推销某个产品，我们大多数情况会马上拒绝。但如果这个陌生人说出了我们的一个熟人的名字，我们就不会很快地拒绝，可能会听一下到底是怎么回事，这就是喜好原则在发挥作用，我们更容易接受自己熟悉或者喜欢的事物。社会心理学研究表明喜好一般由以下五个因素驱动：相似性、熟悉性、合作性、关联性、称赞。

（一）相似性

相似性原则表现在沟通风格、外貌、身份、背景等方面。中国有"人生五大同"的说法，即"同宗、同乡、同窗、同事、同好"，寻找和对方的相似性，更容易赢得对方的喜欢。我们喜欢与自己相似的人。

梅拉宾法则（The Rule of Mehrabian）是梅拉宾在1971年提出的。他说一个人对他人的印象约有7%取决于谈话的内容，辅助表达的方法如语音语调等占了38%，肢体动作所占的比例则高达55%。结合梅拉宾法则，人们更容易从信息传递中的肢体动作看到别人和自己的一致性。当我们表现出和对方一致的观点、性格、动作时，对方更容易看到相似性，更容易喜欢上你。

故此，一些别有用心的人可以假装在若干方面跟我们相似，有意识地讨我们喜欢，要我们顺从。一项实验表明，我们会下意识地向跟自己相似的人作出正面反应。另外一种利用相似点提高好感、增加顺从概率的办法是他们假装跟我们有着相似的背景和兴趣。

（二）熟悉性

大多数时候，我们都喜欢自己熟悉的东西。

由于熟悉会影响人的喜好，因此它对我们的各类决定都发挥一定的作用，包括选举哪一位代表等。接触次数越多越熟悉，我们对自己接触过的东西会更有好感。虽然接触带来的熟悉往往能获得更大的好感，但接触不要带来负面的体验感，否则将适得其反。

（三）合作性

有证据表明，以小组方式进行的团队培训效果比不分组更好，通过这一点，我们可以看出合作对喜好过程有着强大的影响力。我们会倾向于喜欢那些向你寻求帮助的人，团队合作是导致好感的强力因素。

谈判高手一直在努力建立一种"我们和你们在为同一目标而奋斗"的氛围，"团结一致"让我们感觉他们其实是我们的"战友"。比如，房产中介会说站在我们这一边，向对方力争一个更好的价格，他可能也会和对方说同样的话。

（四）关联性

人总是自然而然地讨厌带来坏消息的人，哪怕报信人跟坏消息一点关系也没有，只是两者之间存在联系，就足以引发我们的厌恶了。不管是好事还是坏事，只要跟我们偶然联系在一起，这都会影响对方对我们的感觉。父母把关联原理带来的负面效应教给了我们，比如，人们的确有"物以类聚，人以群分""近朱者赤，近墨者黑"的想法。

至于说正面的关联，是很多谈判高手教会我们的，比如他们不断尝试把自己或自己代理的产品跟我们喜欢的东西联系在一起。车展里总站着一堆漂亮的女模特，汽车厂商希望她们把自己的积极的特性——漂亮、性感投射到汽车身上。汽车厂商认为，只要漂亮模特跟自己的汽车联系在一起，我们对汽车的反应就变得跟对女模特的反应一样——果不其然，我们的反应正中他们下怀。制造厂商总是急着把自己的产品跟当前的热点、名人联系起来，他们深知关联原理的奥妙，并努力把自己跟积极的事情联系起来，跟消极的事情保持距离，如与有污点的明星马上中止合作也是基于关联性。

根据关联性原理，我们喜欢用显性的方式（比如我们的居住地）让自己跟成功联系起来，我们的公共形象也会显得光辉起来。我们展示积极的联系，隐藏消极的联系，努力让旁观者觉得我更高大，更值得喜欢。当一个足够强大时，一般他不太会使用关联性；只有当威望较低时，他才会想借助别人的成功来提升自我形象。比如，我们经常会提到自己是某人的学生、朋友或是子女（通常"某人"享有更高的声望和名誉）。

为了防止在谈判中受影响，我们可以把交易者和交易分开，只根据交易本身的好坏做决定。

（五）称赞

一般来说，我们总会相信别人的赞美之辞，喜欢那些擅长说好话的人。一项实验表明，受试者最喜欢那些只给了称赞话的评估者。积极的评价，不管是真是假，都能让人产生对恭维者同等程度的喜欢。

以上五个要素会使对方更容易喜欢上你，也就使对方更容易与你在谈判上达成一致。

互惠原理——释放善意

此条原则可以帮助我们建立良好的人际关系，好的人际关系可以提高人与人之间的信任度和信心，让交易顺利达成。互惠原理正是建立信任的秘密。

阿尔文·古尔德纳博士将互惠解释为："我们欠他人某些东西是由于他们先前为我们所做的一些事情或互动的历史过程造成的。"

《影响力》一书中向我们描述了一项调查结果，这个结果向我们证明了互惠原理比喜好原则威力更大。也许对方可以不喜欢你，但他在中了"互惠原理"的招后，就会不断提升对你的顺从指数。

心理学家丹尼斯·里根做过一项实验。实验人员告诉受试者要跟其他人一起为几幅画作的质量打分，并请自己的助理乔假扮成受试者。当真正的受试者在房间内打分时，乔分别给予不同的受试者帮助，比如请对方喝可乐，有些受试者则没有。打分结束后，受试者离开房间，乔再提出一个小要求请对方帮忙，猜猜谁给予了他更大的帮助？当然是之前接受他可乐的这些受试者。这正是基于互惠原理的结果。

为了测试受试者对乔的好感和给予他的帮助之间的关系，里根让他们填写了几份评分表来测试这些受试者对乔的好感度。那些喜欢乔的人自然给予了他更多的帮助，这个结果很正常，因为人们更乐意帮助自己喜欢的人。但另一个结果却让人吃惊。

但凡接受了乔可乐的受试者，都觉得有义务帮助他，而且也都是这么做的，尽管他们中也有不喜欢乔的人。这也证明了互惠原理的效用强于喜好原则。

想想这在谈判中意味着什么？我们通常不怎么喜欢的人，比如说讨厌的销售、不太交往的熟人、奇怪的机构代表，只要在向我们提出要求之前，先做出一点让步或施以我们一个小恩惠，就能极大地提升我们"顺从"的概率，即我们更容易答应他提出的条件。因为人们都不喜欢欠人情的感觉。

A国发生了一场大地震，B国向其捐助了大额救济金，为什么呢？原来B国曾被另一国家侵略，那时正是A国支持了它。在谈判中，我们也保持着这种短期的互惠关系。比如，我们在某些条款上做了让步或透露了一些信息，那么对方作为回报，也会在其他条款作出让步或透露一些信息。有时主动表现出一些善意，可以更容易被对方信任，从而获得更多商业机会。

我有一位朋友打算卖房，买家看过后很满意，在讨价还价的过程中双方谈好了价格。在交易时，买家多给了卖家一万元，因为他了解到卖家急于卖房是为了生病的母亲。这一举动让卖家也很感动，于是，他把家里所有的家电都留给了买家，这些家电如果买家自己购买肯定超过一万元，但如果卖家自己处理掉的话肯定也卖不到一万元，小小的善意，让双方都获利了。

如果有人在微信群中发广告，请大家填写一份调查问卷，然后承诺完成后发一个红包，或者先发一个红包让大家领，同时告诉大家需要花5分钟时间填写一份问卷，等大家领得差不多了，再把问卷发到群里。请问，哪种做法让人完成问卷的可能性更高？至少，领了红包的绝大部分人都会按约定填好这份问卷报告。前者愿意填写的人不多，因为大家没义务帮你填写，后者为什么又愿意了呢？因为无论对方出于什么目的领了红包，就相当于欠了你一个人情。当对方欠你人情的时候，就更容易顺从你的意思。

互惠原理还有个衍生原则，即拒绝—后撤原则。

假如我们希望对方依照我们的要求办事，拒绝 后撤原则比直接给恩惠再索取回报更为微妙，也更有效。

几年前，我在社区广场上等人，这时一位带着孩子的女士向我走来，问我是否需要演出票，门票200元，但我对这类演出根本没什么兴趣，就婉言拒绝了她。"好吧。"她说，"要是你不想买演出票，我这里还有一些蛋糕券，也很优惠，要不要来几张？"我买了3张，共计60元。然而，我马上意识到好像不太对劲：其一，我对蛋糕没什么兴趣；其二，我更喜欢现金；其三，我手里拿着三张蛋糕券；其四，她拿着我的钱走开了。

后来，我终于明白这正是拒绝—后撤原则在起作用。一方面，我们对于善意感到有偿还的义务，同时，我们也会因为别人的让步而让步。

在谈判中如何应用拒绝—后撤原则呢？我们可以先提出一个较高的要求（也许这个要求并非真实，还可能有所夸大），在遭到拒绝后再提出一个（真正的）小一点的要求，更容易被对方接受。

在拒绝你的初始要求后，互惠原理常常诱使人们答应你的新要求，而当你一开始的要求很节制时，达成这一要求的概率就要小得多。

加拿大曾做过一项研究，一开始要求受试者在至少两年时间内，每周到该社区心理健康诊所无偿工作两小时，然后再退到较小的要求，口头答应的人达到76%，而直接提出较小要求答应的人只有29%，在答应来的人里真正来了多少人呢？前者是85%，后者仅为50%，此时，拒绝—后撤原则仍更为有效。

我曾经听一位做企业的大老板提起他借钱的故事，因为企业做得不错，所以总有一些关系不错的朋友由于各种原因向他借钱，不借肯定影响感情，借吧有些风险又无法把控，他是如何来平衡这种关系的呢？他的策略是借给对方开口金额的一半。反过来，是不是也验证了拒绝—后撤原则的有效性？当你首先提一个高于你目标的条件（比如目标的两倍），对方会因为拒绝你而产生补偿心理，当你再提第二个小一点的要求（目标）时，对方答应你的可能性比你直接提出目标会高很多。补偿心理让人们更愿意兑现承诺。

如果本招开头的"最后通牒游戏"更换一下规则，只要B同意A的分配方案，游戏就能继续进行，直到富翁破产为止。那怎样的分配方式可以让游戏一直进行下去呢？如果第一次就只给对方1元的提议显然就算第一次不激怒对方（特别是当对方先表示出善意时），也会在后面的游戏中遭到对方拒绝（拒绝本身就是一种报复，对方损失的是1元，而你损失的是999 999元）。如果你希望对方最后答应略微有利于你的要求，怎么做实现的可能性更高呢？

● 练习题

两人共计可分10万元，但必须双方都同意，否则钱就会被收回。请选择你认为实现目标的最佳策略：

1. 提出分给对方1元的方案，整个谈判过程不做任何让步；

> 2. 提出分给对方4万自己6万的方案，整个谈判过程不做任何让步；
>
> 3. 先提出分给对方1元的方案，在谈判过程中逐渐让步到"分给对方4万元，给自己留6万元"的方案。
>
> （答案见附录参考答案①）

运用拒绝—后撤原则主动让步，不仅提高了对方答应的概率，也让他们觉得最终是自己"说了算"，进而产生更多的责任心，如果对方对承诺感到有责任感，自然更愿意遵守这一承诺。自愿的承诺（拒绝—后撤）让我们产生了比强压的选择更容易让我们产生自己"赢"了的感觉。

锚定效应——抢先开价

锚定效应，一般是指人们在对某人某事做出判断时，易受第一印象或第一信息支配，就像沉入海底的锚一样把人们的思想固定在某处。作为一种心理现象，锚定效应普遍存在于生活的方方面面。第一印象和先入为主都是源于该效应。

举个例子。研究者发现，对于8×7×6×5×4×3×2×1这个乘法结果，大多数人会认为乘积很大。另外一些人看到同样数字但反过来排列的算式1×2×3×4×5×6×7×8则会认为乘积小很多。为什么会出现不同估值呢？因为我们会更关注前面的几个数字，我们的注意力被固定住了，并据此影响思维。

"锚定效应"在本书中的定义，是指当人们需要对某个事件做定量估测时，会将某些特定数值作为起始值，起始值像锚一样制约着估测值。人们在做决策时，会受最初获得的信息影响。

有两家卖粥的小店。两家店每天的顾客相差不多，都是川流不息，人进人出。然而，晚上结算的时候，左边这家店总比右边那家店多出百十元来，几乎每天如此。

于是，我走进了右边那家粥店。服务员微笑着把我迎了进去，给我盛好一碗粥，问我："加不加鸡蛋？"我说："加。"于是，她给我加了一个鸡蛋。

每进来一个顾客，服务员都要问一句："加不加鸡蛋？"有说加的，也有说不加的，大概各占一半。

我又走进左边那家小店。服务员同样微笑着把我迎了进去，给我盛好一碗粥，问我："加一个鸡蛋，还是加两个？"我笑了，说："加一个。"

再进来一个顾客，服务员又问了一句："加一个鸡蛋还是加两个鸡蛋？"爱吃鸡蛋的就要求加两个，不爱吃的就要求加一个，也有要求不加的，但是很少。一天下来，左边这个小店就要比右边那个多卖出很多个鸡蛋。

因为锚点是1个，所以大多数人就朝着"1"及以上选了。

我们再来看看锚定效应在商品价格中的应用案例。

价格锚点对商品价格起着对比作用。营销中，企业通过各种锚点招数，或者利用对比和暗示来营造幻觉的手段，动摇人们对于商品价值的评估。

（一）连锁咖啡店卖依云水

依云矿泉水在咖啡店卖22元一瓶，但是在某网购平台如果买一整箱的话，平均价格大概不到5元一瓶，依云水在咖啡店能卖得出去吗？其实，咖啡店的目的根本不于在卖这个矿泉水，而是卖咖啡。根据这家咖啡店咖啡的价格，中杯基本不超过30元，超大杯基本不超过40元。当用户发现一瓶矿泉水都要22元后，对比之下就会觉得咖啡没那么贵了。

（二）优衣库商品打折

优衣库对于"原价"的定义是这样的：初上市价格，即一件商品开始售卖时的原价。在打折或限时优惠的时候，打折价格旁边一定会清楚标注出初上市价格。原价599元起的羽绒服现在只要199元起就可以买到，这里599就是锚点，有它作为参照，顾客会更容易接受199元的价格。

（三）降序排列的价目表

不知道你有没有注意过，酒吧或餐厅的菜单价格，往往都是按照降序排列的。把最贵的放在前面，这个价格就成为一个起始参照物。当顾客从上往下浏览价目表的时候，随着价格越来越便宜，会产生一种金钱获得的感受。

当然，也有一些"无良商家"利用了这一点，先给商品标上昂贵的价格，然后宣称1折甩卖，尽管最后的成交价格在绝对值上并不低，但因为有原价的存在，顾客还是乐于掏腰包的。

尽管在这个过程中，顾客明知道价格下降，商品品质也会相应下降，但出于损失规避心理，少付钱带来的快乐远胜于得到多一点点的质量。

因此为了平衡价格和品质，大多数顾客可能都会选择第二或第三贵的商品，实际上这是被最高价格"吓"到后做出的非理智选择。尤其针对酒类、饭菜、美容美发等商品或服务，顾客很难去判断它的价格是否合理，也很容易进入商家设置的价格情境中。

（四）化妆品

无效的低价也会诱导用户掏更多的钱。比如，护肤品给同一产品设置不同的规格，但价格却十分相近：

45毫升的小棕瓶精华售价1 100元，65毫升的小棕瓶精华售价1 360元，我随手翻了翻评价区，发现大多数人购买的都是更贵的这款。

45毫升的小棕瓶精华在这里充当炮灰的角色，抬高了用户心里的价格锚点，明明是多花了钱，但顾客反而觉得自己占了便宜。

> ● 思考题
>
> 假设你现在是美国下一届总统候选人的竞选团队主管，现在已进入竞选三战，竞争十分激烈。你已印制好总统演讲的300万张的照片，可是你却狼狈地发现，这些照片并未获得照片摄影师的同意，根据美国《版权法》规定，需要向摄影师支付的酬劳最高可达每张1美元，这意味着需要向摄影师支付最高可达300万美元的照片使用费，可是你们并没有这笔预算。你还有其他选择，但重新印制也需要一笔不菲的金额，时间方面也可能来不及。
>
> 现在需要你马上对照片问题进行妥善处理，你该如何与摄影师进行沟通呢？
>
> 思考时间：5分钟。

线下培训时，我也曾向学员提到过这个问题，有学员是这么回答的："总统如果使用该摄影师的照片，可以让摄影师大大提升知名度，所以让摄影师支付广告费用……"这个想法很好，但是万一摄影师说他不需要，请你不要使用他的照片，该怎么办呢？现在你不得不使用他的照片，因为你没有BATNA（最佳可替代方案）。

有人说："和他谈不支付费用，以后多多合作。"

还有人说："和他谈不支付费用，如果总统获选可以提及他的名字。"这些当然也是不错的交换条件，但万一这位摄影师一定要收取费用的话，竞选主管也会陷入被动的局面。

当时，这位竞选主管马上致电给摄影师，说道："将在演讲中使用300万张罗斯福的照片，这是摄影师扬名立万的绝佳机会。您的作品被选作候选海报之一，据说候选人对您的作品非常满意，但如果您想击败其他对手轻松入围的话，需要缴纳5 000美元的政治资金，不知道您是否可以尽快把这笔资金准备好？"摄影师（此时并不知道对方已经印刷了300万张照片）说自己一时很难凑齐这笔钱。5 000美元在当时的确是一笔很大的数目。

"那您准备付多少钱呢？"竞选主管问道。

"我现在只有250美元……"摄影师回答道。

"说实话，我个人也非常喜欢您的那幅作品，也许我可以向候选人申请一下，说您现在很难凑到这笔钱，只有250美元，但可以以自己的作品使用费作为交换条件，并在条件书上签字，您是否愿意呢？"

本来需要5 000美元才能解决的事情，现在只需要花250美元和在一封文书上签字就可以搞定，对摄影师来说当然非常划算。而在谈判开头的那句："那您准备付多少钱呢？"无形中排除了对方拒绝支付任何费用的想法，最后用"花少量钱和签订一份文书"作为交换条件，让对方再次感觉到了"赢"。就这样，竞选委员会没有花一分钱便获得了照片的使用权。

这件事情就发生在1912年，美国前总统西奥多·罗斯福的身上。

也许，有人说这样做不地道，但至少我们从这个案例中学到了一点，那就是"开价直接决定了谈判的结果"。试想一下，如果竞选主管一开始说："照片使用费您将收取多少钱呢？"恐怕就是另外一个结局了。

我曾看过某些谈判书籍中讲到"绝不先开口"法则，但后来我遇到更多因为先开价而以更好的条件结束谈判的高手，而他们的成功正是基于"锚定效应"。其一，通过先开价，你有机会影响对方的期望值，你的初始方案常常迫使对方重新思考自己的目标；其二，正如前面的例子，如果把两组数字分别给两组人来预估结果，几秒钟后预估结果将有很大的差异，为什么呢？因为我们会关注前面三四个数字，以此来推断结果，也就是我们的注意力被固定住了，并据此来调整我们的思维。同理，在谈判中，对手也会因为我们报出的某个大（小）数字作为谈判起点，不知不觉地根据这些数字来调整自己的期望值。

一开始，哪怕你提出一个令人难以接受的条件，对方也会无意识地把它设定为第一印象，这就是我们说的"锚定效应"。

如果你是先开价方，也请一定记得，虽然先开价可以影响对方的期望值，但也不能无理由地开高价，要给你的开价找三个理由（详见第6招中的解决分歧）。如今，很多商业合作都不是一次性的，如果对方感受到欺骗，他们未来一定会想办法报复回来，他们报复的方法不仅是不与你合作，还可能向身边的伙伴传播自己"受骗"的经历。一旦失去他人的信任，你花多少钱也弥补不回来。

如果对方先开价，你也要懂得"反锚定"，举一个锚定和反锚定的案例。

曾有一个朋友特别擅长购买古董，几乎每次都能以别人1/10的价格买回来，他的窍门是什么呢？古董和古董之间很难有可比性，成功的秘诀就在于无论店主开价多少，他永远只还价"50元"，他没有被店主的"先开价"锚定，而普通买家一般会还价到报价的1/5，最终成交价在报价的1/3左右，也许这些买家买到自己中意的东西后还会暗自庆幸，但他们不知道，实际上，卖家的初始报价是物品的100倍！

稀缺效应——提升价值

稀缺效应是指我们有这样的倾向，当我们认为某物品的供应快要枯竭时，我们就想得到更多这种物品。某项研究也认为："如果某种可持有物品的数量稀缺，其价值将上升，这对持有者有利。"

《影响力》的作者罗伯特·西奥迪尼生活在亚利桑那州的梅萨市，那里有大量的摩门教徒，市中心有一座摩门教堂，西奥迪尼说他从来没想过要进去看一看。教堂也有规定，即只有虔诚的教徒可以进入每一处特殊区域，除此之外，任何人不得入内。直到有一天，他在报纸上了解到这个教堂要翻修，而按照教会的规矩，凡教堂在建成后的前几天允许所有人参观，连特殊区域也不例外，而"翻修"也算"新建"。他当即决定去参观教堂，可是转念一想，他对宗教建筑从来不感兴趣，也没有渴望解答的问题，也不指望能在摩门教堂里看到比其他教堂更精彩的东西，到底是什么原因让他产生了想去看一眼的冲动呢？答案是"稀缺效应"，因为再不看，以后可能就没机会了。

想想我们生活中多少事情是利用了"稀缺效应"，"稀缺效应"不仅体现在数量有限，也体现在时间有限和退出谈判导致的"失去"。

◇原本没打算购买任何东西，结果无意中看到了促销活动，你会心动吗？

◇有一件你早就想买的东西，但因为某个原因你犹豫不决，现在只剩最后一件了，你会有购买的冲动吗？

◇有些瑕疵（收藏）品往往价值更高。

◇限量版产品。

心理学家研究发现，相对于得到来说，人们更害怕失去。失去某种东西的恐惧，更能激发人们的行动力。比如，如果谈判破裂，提醒对方将失去一些东西；退出谈判的"要么你接受，要么我离开"的最后通牒，也是在制造这种"稀缺"的感觉，没有什么比希望达成的交易转眼变成泡沫更让人难以接受了。

"稀缺效应"是感性反应，不是理性反应。谈判对手可能会利用此效应制造紧迫感，甚至是恐慌感，从而让你在惊慌失措之下草率签约。如何反"稀缺效应"呢？它取决于你的判断，这种判断是建立在你对双方优势对比分析的基础之上的。

沉没成本——资源投入

沉没成本，原本是个会计学上的术语，说的是已经发生或者承诺出去、无论如何都没办法再收回的支出。这里指的是，如果我们在先前的行动或决策中投入了大量时间却没有成功，我们总是难以承认失败或接受损失。我们对于初期看似合理的决策或行为花费的时间越多，就越希望成功，即使后来该决策或行动不再有意义，也很难放弃。

沉没成本分为三个量级。

（一）轻量级——小而闹心的困扰

- 周末去网红餐厅吃火锅，照例排长队，中桌前面还有10桌，45分钟后发现前面还有5桌，服务人员告诉你还要等50分钟，你是等还是不等？最后总共等候时长105分钟。如果等了5分钟后你发现自己总共可能要等将近两小时，你还会排队等候吗？

对"沉没成本"的研究认为，你在情景1中离开队伍的可能性小于在情景2中的可能性，尽管总的等候时间是相同的。为什么？因为在情景1中你已经等了45分钟，如果离开，这45分钟就白白"损失"了；而在情景2中，你只是"损失"了几分钟而已。

- 在电影院看到一半多的时候有点看不下去了，但想着来都来了，还是看完吧。
- 参加小学同学聚会，发现没啥共同语言，很没劲。菜还没吃完，组织者就开始安排下半场的活动，还招呼大家"都去啊"，想着好不容易聚一次，还是去了。

这类小困扰，离开损失不大，该走就走，是明智的选择。

（二）中量级——不大不小的日常损失

- 旅行策划了一半，定金也付了，临行前觉得这个地方可能不太好玩，但已经没有时间和心情再选一个新地方了，结果还是出发了。
- 买了一件不是特别合身但勉强能穿的衣服，退货太麻烦，决定还是忍耐着穿下去。
- 一时冲动报了个网课班，学到一半发现自己因为工作忙跟不上学习进度，但之前的时间都投入了，也没法退出，只能继续潜伏在群里，拖拖拉拉地交作业。

针对这些可能引发损失的事情，你应该事先做好信息收集，尽量避免。比如多看一些旅行攻略，买衣服之前多看看买家秀等。

（三）重量级——大型人生难题

- 在一线城市工作了几年，其实自己更喜欢回到家乡过买得起房子陪得了父母的生活，刚好也有不错的机会，但是要走的时候突然觉得再等一等就可以拿到一线城市的户口了，左右为难，不舍得放弃。
- 和女朋友到了要讨论结婚事宜的阶段，其实双方都不是很确定要不要继续走下去，但彼此多年的感情付出又不肯放弃，既然并不讨厌彼此，那就结婚吧。

- 婚姻生活并不快乐，但每次吵完架心里都想着"还不是为了孩子将就着过"。

对于决策可能的风险，你必须意识到"没法两边得好处"或者想清楚自己能接受的底线也许会帮你坚定选择。

在谈判中，沉没成本也同样适用。如果一开始是我方付出更多，你将可能比对方更舍不得退出谈判，从而做出更多让步。如何让我方摆脱沉没成本的束缚，而让对方投入更多资源呢？

首先，我们要分析双方的需求，最好能将需求优先顺序排列出来，匹配双方的合作可能性。一旦判断无法满足或即使谈判成功意义也不大时，应尽快放弃。

其次，谈判前尽量约见所有干系人，了解其需求和想法，让对方投入更多人力、物力和时间成本，对方会因"沉没成本"的影响而不愿轻易放弃。

承诺一致——推进执行

承诺一致，是指人人都有一种言行一致，同时也显得言行一致的愿望。一旦我们做出了选择或采取了某种立场，我们立刻就会碰到来自内心和周围的压力，迫使我们按照承诺的去做（《影响力》）。

心理学研究表明，我们都想看上去合情合理。你必须找到最有说服力的标准来支持你提出的目标。为什么标准和规范，特别是对方曾经采用的标准，即对方认为合情合理或者过去用来为自己谋利的论据在谈判中通常最有效呢？因为，当我们的行为明显地与先前说过的或长期持有的或被广泛认可的标准和信念不一致时，我们会感觉不舒服。当对方正确地指出我们与先前的说法不一致时，我们也会感到不安。所以，保持一致是谈判过程中强有力的激励因素，我们需要在谈判过程中不断要求对方承诺和确认先前的内容，就是利用了承诺一致原则。

如果你将自己的标准认为是谈判唯一合理的评判依据，那你可能与对方发生争论或形成对立，最好的做法是预测对方偏好的标准，并将自己的建议限定在对方的标准之内，如果很难做到，那就想办法找到对方标准之外的特例，不到万不得已，不要批判对方的标准。

假设你正在参加公司的预算会议，客服部要求增加更多培训，行政部申请重新装修办公室，人力资源部需要增加招聘和员工福利费用，如果公司将提升销售额作为今年主要的目标之一，你在这场争论中就拥有了"承诺一致"的优势。你做好了准备工作，收集好数据，论证了增加市场推广费用和销售人员数量对公司实现"提升销售额"这一目标的紧密联系，你的这场准备充分的演说将会提高你实现目标的机会。

为什么人们承诺一致的动机如此强烈？依照我们普遍的感觉，言行不一致是不可取的人格特征。言语和行为不一致的人，会被看成表里不一、脑子混乱，甚至精神有问题，而言行高度一致的人，给人感觉是可靠、忠诚、有责任感，值得信任。承诺一致的威力强大到它经常让我们做出违反自己最佳利益的行为，这正是谈判高手与对手达成一致的手段之一。

美国纽约市的沙滩上，曾经导演过一起"偷窃"事件，承诺一致原则会让人们不顾个人安危来阻止犯罪的发生，究竟是怎么做到的？很简单，由实验人员扮演的游客在离开时跟旁边的人打个招呼，请受试者帮忙照看一下他的物品，在答应的20人中有19人阻挡了由研究人员扮演的小偷拿走任何东西。而在不打招呼的情况下，20次里只有4次被旁观者阻止。

承诺一致原则的使用方式之一就是将自己的需要置于对方做决策的框架内，使对方无法说"不"，既表现出对对方的尊重，也能引起他的关注和同情。比如，你提出一个看似合理的要求，让对方给予承诺。如果你尝试了，但仍然做不到，还有一种方法值得你借鉴。

印度之父圣雄甘地在自传《我的真理之路》中提及自己一次乘坐火车的经历。

甘地早年在南非当律师，南非法律有一条规则规定印度人只能坐三等火车厢出行，甘地准备挑战一下这一规则。第一次，他被赶出了车外，于是他打算寻找第二次机会。在那之后不久，他打算从德班出发到比勒陀利亚，他成功利用第三方说服了列车员让自己坐上了头等车厢。

甘地在这场谈判中的标准就是"不论种族，只要穿着体面、举止优雅的人就可以乘坐头等车厢。"首先，他了解到德班车站的站长的名字，并给他发了一封信，信中写道，他是一名律师（是穿着体面、举止优雅的人），习惯乘坐头等车厢。他说，他会亲自到站长办公室来取票，他明白这样取胜的机会更大，因为对方没有机会直接拒绝他。第二天，他穿着体面地出现在了站长办公室。庆幸的是，站长并非南非白人，非常理解和同情他的处境，但站长也有一个要求：如果列车员置疑车票，他不能将站长牵扯进去，甘地同意了。

甘地知道他不得不想其他办法说服列车员。于是，上车后的他四处寻找合适的"第三方"，当他看到车厢内一位独自坐着的英国人时，就坐在了他对面，并和此人攀谈起来。

列车员进来后，立刻发现甘地是印度人，马上让甘地回到三等车厢，甘地向他出示了头等车厢的车票，但也毫无作用。正在这时，对面的英国人说话了："你打搅一位绅士是什么意思？难道你没有看到他有一张头等车厢的车票吗？我一点也不介意和他一起乘车。"随后，这位英国人对甘地说:"您就坐在这里,别介意。"列车员见英国人如此坚持,只好灰溜溜地走了。

利用一个认同你标准的第三方,并且你的谈判对手受其制约的人,如果找到这样的人,请第三方到达谈判现场后再进行谈判,第三方可作为旁听或证人,以确保采用的标准是公平的,最终获得对方的承诺和许可。

获得承诺最常用的有四种方式,分别是:对自我的承诺,在心里;对家人朋友的承诺,在口头上;对工作伙伴的承诺,在书面上;在公开场合的承诺,口头加书面。而最有效的承诺方式是这几种的综合应用,比如在公开场合承诺后,再打印出来,张贴在经常活动的区域,让自己和别人经常可以看到。

当然,谈判对手也可能会利用这一原则来操控你,那你就需要学习如何摆脱"一致性圈套"的办法。"一致性圈套"指的是事先引导你对一个看似合乎情理的标准作出承诺,随后再提出符合该标准的逻辑,但与你利益相悖的事来压制你,让你无法说"不"。比如,某保险销售员与你交谈时,问你:"如果有最佳投资回报的方法,你是否会考虑?"你回答:"当然。"对方继续问:"健康和财富,哪个更值得投资?"无论你回答哪一个,等待你的都将是对方掏出的产品,并告诉你一堆数字证明它具有最佳投资回报,这就是对方给你下的"一致性圈套"。

如何提防呢?那就是需要提高警惕。在你还不知道谈判对手为什么问你这个问题时,你可以在回答前进行反问:"哦?我很好奇,是什么让您对这个问题如此关注呢?"否则无论你怎么回答,都可能陷入对方的圈套中。当然,万一你不幸先回答了,又无法自圆其说,你还有一个办法,就是承认自己先前同意的标准是个错误,虽然这会让你损失点面子,但这点损失与你的谈判损失相比则小很多。

📝 练习题

假设你是某部门主管，今年公司要求每个部门必须削减10%的人员，你发现如果自己部门削减10%的人，明显人手不够，无法完成年度工作任务。你准备怎么和老板谈判？

（答案见附录参考答案②）

📝 练习题

美国某知名玩具制造商，曾利用承诺一致原则，让孩子的父母在圣诞节销售旺季过去后仍愿意买原价玩具，你觉得他们是怎么做到的呢？

（答案见附录参考答案③）

逆反心理——钟摆原理

逆反心理是指客观环境要求与主体需要不相符合时所产生的一种强烈的反抗心态。

比如，我们都喜欢购买，但没人喜欢被控制购买，因为人们都喜欢自己做决策。当对方的想法与我们的想法相悖并试图说服我们时，我们的逆反心理反而会越强。

经常有人慕名找我咨询，通常他们说的第一句话是："季老师，听说您是这方面的专家，一定能解决我们的问题。"我怎么回答更好呢？一般我会这么回答："感谢您的信任，我确实为很多与您同行业的客户提供过相关的咨询或培训，但因为每家企业的情况都不一样，所以在了解您的需求之前，我也不敢肯定自己一定能帮您解决问题。要不您先聊聊您的需求，好吗？""我也不敢肯定自己一定能帮您解决问题"这句话就是典型地运用了钟摆原理。如果此时我接话说："是的，贵行业我非常了解，也的确有丰富的经验,您的问题我肯定能解决。"这就会让客户的期望值变得非常高,接下来但凡有一点点与客户的想法不一致,估计会降低对方对你的满意度,从而对你后期的谈判造成一定的压力。

损失厌恶——沟通话术

损失厌恶,是指人们面对同样数量的收益和损失时,认为损失更加令他们难以忍受,同量的损失带来的负效用为同量收益的正效用的2.5倍。尽管谈判者知道如果当前的谈判没有结果,可以借助BATNA(详见第4招),但大多数谈判仍包含风险因素。从理论上来说,人们无论是面对收益还是损失,都应该保持一致的态度,但根据损失厌恶原则,人们的风险偏好并不是一致的,当涉及收益时,人们表现为风险厌恶;当涉及损失时,人们则表现为风险寻求。

> ● 思考题
>
> 如果某保险公司的业务人员找到你,告诉你应该购买一份59元的新冠隔离险,以下两种说法哪种更能打动你?
>
> 1. 如果你买了这份保险,可以在你所在地成为中风险地区且被隔离的情况下,你能拿到每天200元的补贴,一年中不超过60天。
>
> 2. 如果你不买这份保险,在你所在地成为中风险地区且被隔离的情况下,你将损失每天200元补贴,一年最高损失可能高达12 000元。
>
> 思考时间:1分钟

相对于"得到",人们更害怕"失去"。

以下两个方法可以帮助我们在谈判中利用损失厌恶原则:

- 如果你的方案或建议被对方拒绝,向对方强调你的方案会让对方避免什么损失比介绍能给对方带来什么收益更有说服力；

● 不要告诉谈判对手"我们的报价可以让你得到A、B或C"，而应该说"我们的竞争对手报出的价格不能给你A、B或C"。

> ● 思考题
>
> 第一题，以下哪种情况会让你更开心？
> 1. 你在路上散步时捡到50元钱，第二天你在另一条路上散步时又捡到50元钱。
> 2. 你在路上散步时捡到了100元钱。
>
> 第二题，以下哪种情况会让你更郁闷？
> 1. 你打开钱包发现自己丢了50元钱，第二天你发现自己又丢了50元钱。
> 2. 你打开钱包，发现丢了100元钱。
>
> 思考时间：3分钟

每次大家的选择几乎出奇的一致，第一题选1的人更多，第二题选2的人更多。两种情况下，收益和损失都一样，为什么感觉会有所不同呢？因为"损失厌恶"在起作用。为了使愉悦感最大化，我们最好将收益分解成多个，而不要揉成一个。同时，为了痛苦最小化，我们应该将损失尽量集中起来，变成一个。那么，我们具体应该怎么做呢？

（一）分散对方收益

如果你在谈判中有能力让步，不要一次就用掉所有的让步空间。比如，你可以降价1 000元，请分几次让步到位。当然，每次让步幅度还得越来越小，会让对方感觉你已经到达底线。

如果你有好消息要告诉对方，最好能将这个消息拆分成几个更小的消息，分几次告诉对方，对方的满意度会更高。比如，你以更短的时间完成学业，而且还得到了一等奖学金，你可以分两次将好消息分享给父母，说不定父母会额外再给你其他的奖励。

如果你想感谢某人，那么建议细水长流，分几次回馈对方，给对方的印象会更深刻。

（二）集中对方损失

如果你想让对方让步，最好将你的要求一次性提出。

如果你有坏消息要告诉对方，请你一次说完，不要分成几次说。

虽然损失厌恶原则有强大的说服力，但如果过度使用，则可能会伤害双方之间的关系。如果你只关注风险、损失和不利结果，对方可能认为你充满敌意，故而有可能在后面的谈判中有报复的冲动，谈判目标的达成就会变得很困难。所以，你最好在最后总结观点时再使用这个原则，避免过早提及消极或负面的信息。

● 练习题

第一题，假设有如下两个选择方案供你选择，你会选哪一个？

1. 接受一张1万元的现金支票。

2. 进行抽奖游戏，获得2万元现金支票的可能性为50%，什么也得不到的可能性为50%。

第二题，假设还有如下两个选择方案供你选择，你会选哪一个？

1. 拿出1万元作为意外支出。

2. 不用支付费用的可能性为50%，支付2万元的可能性为50%。

尽管两个方案都不是人们期待的，当被迫要选择一个时，你会选哪一个？

（答案见附录参考答案④）

选择不同，意味着谈判风格不同。在谈判中，有一个你认为的盈亏平衡点，谈判者可能会被这个"参照点"限制住。倾向于"损失最小化"的谈判者几乎不进行任何让步，因此很难达成交易，他们更愿意采用风险谈判策略，喜欢提出一个更高但更具风险的要求。倾向于"利益最大化"的谈判者更喜欢接受确定的事情，但他们比较喜欢使用胁迫的手段或借助于BATNA，即验证了人们盈利时厌恶风险，亏损时寻求风险的特点。如果一个谈判者方案比较消极，另一个比较积极，消极谈判者将获得更大的收益。

● 小结

喜好原则——营造氛围

互惠原理——释放善意

锚定效应——抢先开价

稀缺效应——提升价值

沉没成本——资源投入

承诺一致——推进执行

逆反心理——钟摆原理

损失厌恶——沟通话术

审视心态 第 2 招

影响心态的主要原因

2005年2月，在美国发生了一起著名的劳资纠纷案，美国国家冰上曲棍球联盟和球员之间因为薪水上限制度等分歧闹得两败俱伤，最后美国冰球联盟正式宣布取消整个赛季。四个多月后，球员工会重启谈判，球员们答应了比当初更低的条件，而对于球队老板们来说，曾经观者如潮的火爆场面早已不在，给双方都带来了巨大损失。这类谈判的破裂很大程度上归咎于本可以避免的谈判失误，而双方的心态无疑是造成失误的重要因素。

心态会影响我们在谈判中的自信度和对局势的判断，从而影响谈判结果，而以下五点将影响我们的心态。

（一）限制性信念

只要是影响你成长、提升、获得更多的可能性的信念就是限制性信念。限制性信念，不仅限制了我们的信念，同样也限制了我们的行为，行为决定结果，所以影响了我们的最终结果。

很多人都认为谈判是典型的"零和结果"状态，也就是说，你的利益完全来自我的损失，所以你想做的是尽量抓住眼前大的一块而忽视创造和扩大收益，双方就将是对立的关系。

首先，谈判不仅仅是在一个维度上谈。如图2-1所示，我们可以从三个不同维度来做交换，如果仅仅只能在一个维度谈判，那就是零和结果；其次，如果双方可以创造性地想出更多的方案，那可能会扩大收益，达成双赢。

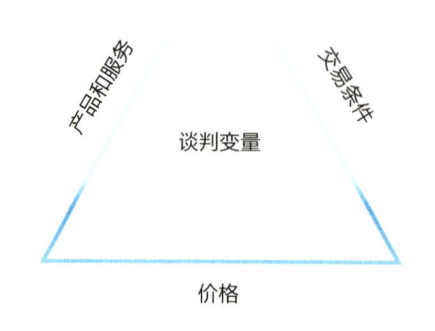

图2-1 谈判变量三维度

一些成熟培训师大多是在每年年底调整第二年的课酬，培训师会涨课酬，而对于培训机构来说（机构直接面对客户），当然希望培训师不要涨价，如果单就课酬来谈（图2-1中的"价格"）就可能是零和结果，因为客户端可能无法涨价，培训师价格涨了，机构的利润就降低了，如何解决这个问题呢？双方可以从另外两个维度来考虑解决方案，比如机构是否可以赠送培训师每年几次课程的免费学习（图2-1中的"产品和服务"）或缩短打款的时间、增加每年合作的天数（图2-1中的"交易条件"）；当然，培训师也可以不涨课酬，但缩短单次的授课时长或减少原来培训承诺的服务内容（当然这也得视客户的需求而定）。

更好的方法是想出创造性的方案，扩大双方收益。比如，老师和机构约定"如果因老师的授课效果佳而带来的重复采购的订单（设定评判的标准），机构按1.2倍的价格支付老师课酬，老师承诺第二年不涨价"，这样的合约的结果是双方都受益的，从而扩大了谈判的馅饼。

● 练习题

在"产品和服务""价格""交易条件"的三个谈判维度中，你觉得各包含哪些内容？

（答案见附录参考答案⑤）

限制性信念不仅让价值创造变得困难，同时也会导致我们将谈判对手对立起来，视对方提出的任何条款均为对他方有利而对我方不利，故而轻易拒绝。如上提到的美国国家冰上曲棍球联盟和球员的劳资纠纷，就是因为这种限制性信念让球员们拒绝了球队老板提出的最终建议，谈判破裂后导致整个赛季取消，最终球员们不得不接受了比停赛前更差的条件。其实，这个结果是双输的。

不要有以下这些限制性信念：

- 只要是对方提出的，就肯定对他方有利，对我方不利；
- 当对方表现出满心欢喜时，该条款一定对我方不利。

当然，对方也可能会被这些限制性信念所影响，所以我们也要尽量避免如上行为发生或进行合理解释，比如在提出条件后，解释该条件对双方的好处，提醒对方条款对他一样有利；或者在对方接受某条款后不要表现得过于兴奋。

（二）信息偏见

信息偏见是指人们容易关注显性信息，而忽视隐性信息的影响。

我有一个高知HR群，这个群里大多数是HR领域的精英人士。有段时间，大家热衷于讨论员工面试时会提出哪些条件及如何应对，这些条件包括：

- 薪水
- 医疗福利
- 带薪假期
- 同事的关系
- 国外出差机会
- 对工作的把握度

- 离家远近
- 行业内知名企业
- 办公环境
- 是否经常出差
- 学习成长机会
- 稳定与否

大家发现其中两项是员工特别在意的，比如"高薪"和"行业内知名企业"，这两项被称为"显性信息"，总的说来，显性信息对谈判人员的影响比隐性信息更大（其实两者是一样重要的）。那些因高薪和行业内知名企业就职的人很容易忽视其他隐性条件，比如高薪的稳定性、办公地点、同事关系和是否经常出差等，结果这份高薪工作来得快，去得也快。

既然人们更容易被显性信息影响，那么那些拥有其他条件的企业如何才能招到合适的人才呢？它们需要强调隐性条件的好处，提醒对方关注到这些隐性条件，并指出它们可以给对方带来哪些利益。我们自己又该如何避免过度重视显性信息呢？其实，创建评分系统可以帮到你。

如表2-1所示的工具，叫"网格分析法"，它可以帮助我们用标准来打分和选择。网格分析表格包含五个内容，分别是：澄清目标、确定选项、建立标准、评价选项、获得共识。

澄清目标：左上角写上一个明确的目标。

确定选项：在目标下方，写上你所有的可选方案。

建立标准：目标右方写上你的打分标准，特别要注意分数越高表示越好，但不一定表示越多。比如"所需时间"越多，分数反而越低。

评价选项：按标准评价所有可选方案。

获得共识：打出总分，总分最高的方案就是你最终应该选择的方案。

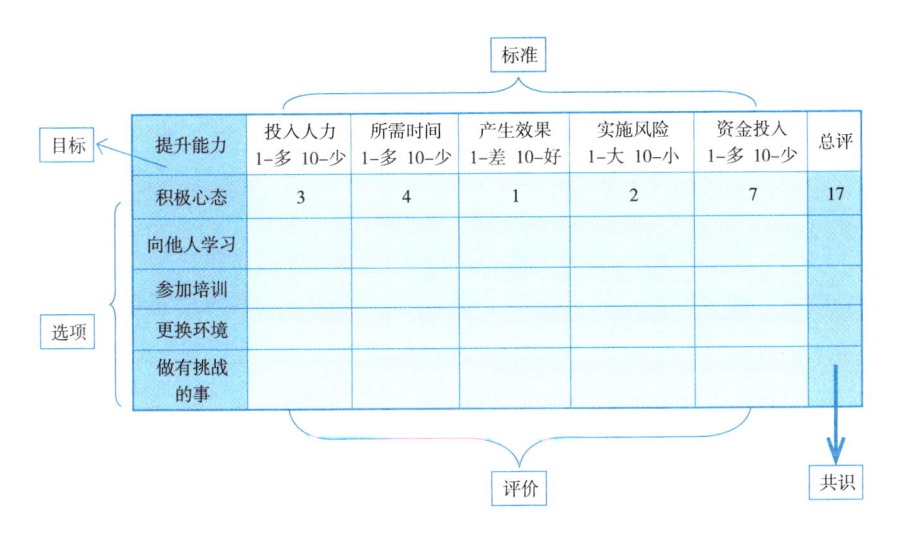

表2-1 网格分析法

提升能力	投入人力 1-多 10-少	所需时间 1-多 10-少	产生效果 1-差 10-好	实施风险 1-大 10-小	资金投入 1-多 10-少	总评
积极心态	3	4	1	2	7	17
向他人学习						
参加培训						
更换环境						
做有挑战的事						

目标：提升能力　标准　选项　评价　共识

表2-1可以让我们理性很多，如果需要更精确一些，我们可以选用表2-2这个进阶表格，它添加了一个权重项，也就是对标准要加一个权重，有些标准更重要，权重也就更高，权重可以设置1～10分，也可以设置1～5分，还可以设置小数点，设置越精细，差异越明显。

表2-2 网格分析法（含权重）

提升能力	投入人力 1-多 10-少 权重=5	所需时间 1-多 10-少 权重=8	产生效果 1-差 10-好 权重=8	实施风险 1-大 10-小 权重=4	资金投入 1-多 10-少 权重=3	总评
积极心态	3×5	4×8	1×8	2×4	7×3	84
向他人学习						
参加培训						
更换环境						
做有挑战的事						

以上方法可以帮助我们更理性地面对所有信息，从而做出全面的思考和选择。

（三）感性自我

人的认知受理性和感性两个方面的影响。理性是指做事都依据道理，不会冲动；而感性就是凭着感觉来，凡是只要感觉对了就行，不管有没有事实根据，都会按照自己的想法去做。感性自我，指自我中感性的部分，与理性相对。

谈判前的心态评估也将为我们营造一种优势的感觉，感觉会影响我们的决策。接下来，我们来看一看如何更理性地做好心态评估。

你需要问自己几个问题，如图2-2所示。

1. 对我方

- 进入谈判时，你有什么感觉（有力量还是有压力，哪个更强烈）？
- 你是如何做到这一步的？发生了什么？
- 你的其他选择是什么？

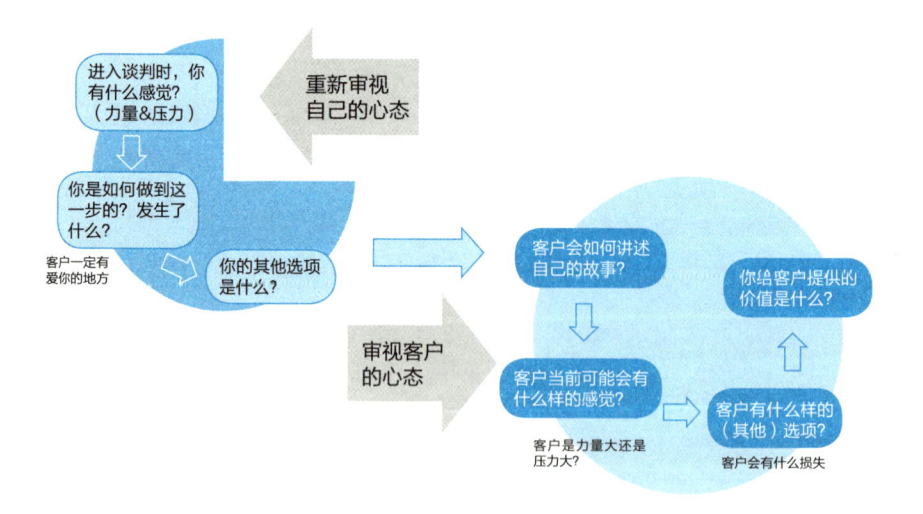

图2-2 重新审视自己和客户的心态

2. 对对方

- 客户会如何讲述自己的故事？
- 客户当前可能会有什么样的感觉（力量大还是压力大）？
- 客户有什么样的（其他）选择？
- 你给客户提供的价值是什么？

在谈判中，感性自我时常会强于理性自我，可能会让你做出错误的决策。事后，我们会对自己的行为感到懊悔，为了避免后悔，常常又作出一些非理性的行为，所以，在谈判开始前，谈判人员应该预测并解决"我想做的"和"我应该做的"两者之间的冲突。怎么解决这个冲突呢？你为谈判准备得越充分，你的情感冲动就越不会损害你的利益（情绪管理的部分内容可详见本书第3招中的自我情商修炼），所以，事先准备是利用感性自我建立优势心态的关键。

（四）自我偏见

自我偏见是指人们认为的公平常常是偏向对自我有利的。

> ● 思考题
>
> **请选择"是"或"否"**
>
> 1. 如果有人起诉你而你赢了这场官司，对方应该为诉讼费埋单吗？
> 2. 如果你起诉别人而你输了这场官司，你应该为诉讼费埋单吗？
>
> 思考时间：3分钟

以上是《美国新闻与世界报道》的一个调查，调查结果是第一题答"是"的占受访者的85%，第二题答"是"的占44%。这是怎么回事？当我们处在不同情境时，我们觉得的"公平"的标准却发生了很大变化，我们觉得的"公平"很容易偏向自己。

有人对离婚夫妻在进行财产分配时的诉求做过调查，即使每对夫妻都声称他们要"公平"，但结果往往是一方要55%，另一方要求得到60%。自我偏见让各方都认为自己应该得到更多，这比50%的公平分配更"公平"。我们都想得到公平，但人会做出偏颇的判断。人很难不受以自我为中心的影响，很难摆脱偏向自己的选择，认为那才是真正的"公平"，并证明这个公平是合理的，你的对手也同样如此。

要解决这个偏见有以下方法可以尝试。

1. 用两套思维系统来思考

我们可以尝试用两套思维系统来思考，即系统1和系统2。

研究人员基斯·斯坦诺维奇（Keith Stanovich）和韦斯特（R.F.West）提出了系统1是和直觉相关联的。系统1具有自动、高速、情绪化的特性。系统1的运行是无意识的，而且非常快，不怎么费脑力，所以你没有感觉。当系统1没有办法提供问题答案的时候，系统2就会被激活。系统2与推理有关，具有缓慢、清醒、需要时间、明确、逻辑化的特性。系统1像自动驾驶，系统2更像手动驾驶。如果决策时间很紧张，你就容易启动系统1，所以要避免在时间压力下谈判和决策。你需要提问："这肯定是最后期限了吗？"因为个人原因，我可能需要一些时间来做决定，你觉得我应该怎么做呢？"

2. 让第三方来裁决

很多时候，我们可以找一个无利害关系且双方都信任的第三方来裁决。

3. 及时复盘

我们需要及时复盘，从之前谈判的经验和案例中提炼出通用原则。这就是我在谈判课程中经常使用的方法，我会将学员分为4~6人一组，请每位学员提供一个最近的案例，使用课程所学知识进行反思，从而让小组及全班其他学员从各种经验中获取重要的教训和知识。

4. 提醒对方继续持有偏见可能的后果

我经常问学员："你是愿意和一个优秀的谈判对手谈判，还是和一个不太懂谈判的人谈判呢？"我的答案很简单，我更愿意和谈判高手谈判，因为不懂谈判的人更容易对达成协议制造障碍。如果对方也学习过本书内容，他就懂得自我偏见可能会阻碍谈判，他就会做更多谈判准备，更愿意分享自己的分歧项的排序以及和你交流信息，更容易和你共同往创造扩大收益的解决方案努力，达成双赢。

5. 检查修正对方提供的信息

准确的信息是我们的筹码之一，所以我们不仅要向对方了解信息，也要学会验证信息的准确性。

> **● 思考题**
>
> 你准备卖掉房子，然后在另一个城市买房定居，但你不知道现在的房子到底能卖多少钱，所以你也不知道自己可以买得起多少钱的房子。那么，你该如何了解你现在居住的房子的准确售价？并找到最佳的中介呢？
>
> 思考时间：5分钟

多找几家中介进行对比，可要求这几家中介提供5～10套同小区或附近小区原始报价和成交价数据，并进行互相验证。其中成交价高且数据真实度高（诚实）的那位销售就是最值得你信赖的中介了。

> **● 练习题**
>
> 你是一家公司的全国销售总监，你手下有5个大区总监，定期向你汇报工作。这次会议的主题是明年各区域的市场预算分配问题。会

议开始后，两个业绩最好的区域总监提出，明年的预算应该根据今年的销售业绩来分配，因为根据今年的销售业绩可以估算出明年的销售业绩，这样就可以根据销售业绩知道在哪个区域做市场活动最有效。你觉得这个逻辑对吗？

（答案见附录参考答案⑥）

6. 用相机合同解决冲突

相机合同是指，当谈判双方对一些问题有不同看法时，而这不同主要在于不确定事件（contingency），这种合同通过让双方都为自己的倾向性（偏见）下注而不再为此争执不休，将未来的实际效果与合同金额或其他条款相挂钩。

比如，某位销售人员告诉你，使用他的产品后你将获得怎样的收益，你不确定他是否夸大其词，这时你可以和他约定，如果产品的表现如他所说，你就按他的报价付款，但如果产品表现低于他声称的效果，你就按一个高折扣支付款项。如果销售人员故意夸大效果，那么他在这个提议面前就会表现得犹豫不决，如果他是过于自信，你也不会因为签订这份合约有损失（因为你拿到了高折扣），这不失为可将自我偏见的影响降到最低的一种好方法。

（五）过分自信

销售人员销售产品时，如果坚信自己的产品非常棒，这将有助于签单。可是，在谈判中如果过分自信会发生什么呢？我们会认为我们很聪明、准备很充分、比对手更强，所以会让你放松警惕，无法意识到自己需要改进谈判技能，需要做更充分的准备，甚至轻视对手。

以上五种情况均会影响我们对谈判形势的判断，有些会帮助我们提升信心和能量，有些又会让我们失去理性，失去客观评估，我们要时刻觉察，提醒自己及时做出调整。

审视你的心态

（一）"儿童心态"不可取

"儿童心态"就是弱者心态，感觉自己像个受害者。

> **思考题**
>
> 几位朋友在饭店吃火锅，突然发现一只蟑螂从锅边迅速跑过，吓得一位女客人大声尖叫，女客人感觉没面子，便叫来服务员大声责骂，抱怨环境卫生太差，一个品牌连锁店还要不要口碑了？……服务员叫来了大堂经理，经理边听边道歉。请从谈判的观点来分析她这样做的有效性。
>
> 思考时间：5分钟

以上行为属于无效谈判，在谈判中被称为"儿童心态"。这种方式和一个孩子在"撒娇"没什么两样，因为抱怨解决不了任何问题，你需要准备好你的具体诉求和明确谈判目标。

2022年1月的春节前夕，我接到客户的培训需求，来到广东某地的一家五星级酒店入住。办入住时，我告诉办理入住的工作人员不要安排靠马路的房间。因为睡眠好了，才能保证第二天课程的效果。所以只要是住酒店，我都会向前台表明这个需求。可有时入住晚了或者酒店根本没有不靠马路的房间，我也会提前做好两手准备，即每次出差，我都会带上一副降噪耳塞，以备不时之需。可能是因为疫情和临近过年等原因，这次入住的酒店还有大量的空房，客服就按我的需求安排了房间。

晚上11：30，正当我准备上床睡觉时，隐约听到楼下传来一群人卡拉OK的声音，分贝不算大，但低音炮的轰鸣容易产生共振，声音时高时低，反而比持续高分贝的干扰更大。由于看到时间已晚，也不想麻烦客服，我戴上了耳塞想着先试试能否睡着，谁知辗转反侧了半宿，感觉噪音越来越大，终于忍不住打通了前台客服的电话。如果是你，你觉得此时你会对客服说些什么呢？

1. 单纯的抱怨将毫无作用，这就是一次谈判，需要提前想好自己的需求和对方可能的应对

因为是一家老牌五星酒店，各项设施可能老化，现在让其增加隔音设备不太现实，最好的解决方法是说服唱歌的客人回去睡觉（方案一）；如果方案一不可行，那马上看看有无其他可以增加隔音的办法（方案二），因为不到万不得已我不想换房，整理收拾东西太麻烦，等换好房都可能一点多了，肯定影响睡眠。如果方案二也无效，那么只能先换房，但是我损失的两小时睡眠是否可以争取到补偿？

2. 谈判是交换，筹码是什么

- 向对方了解之前类似情况的处理办法，以应对；
- 可能更换酒店，让对方有所损失；
- 忠实客户停止合作，影响酒店口碑；
- 打110投诉，最终也会引发住宿客户和唱歌客户的双重不满；
- 酒店在环境和降噪方面的承诺和五星级酒店的相关行业规定。

3. 谈判目标和底线是什么

要求免费提供中餐，报销晚餐费用300元以内。

最后，酒店答应马上给我升级房间，调整到最高层（16层），东西不

用整理，先睡觉，第二天中晚餐免费（因酒店内餐厅是酒店自营，酒店有招待费免单权力）。

试想一下，如果仅是打电话抱怨一通，虽然发泄了情绪，但因为没有明确自己的需求和提出谈判的诉求，价值又有多大呢？你的人生中有多少次出现过"儿童心态"呢？

（二）"父母心态"不可取

"父母心态"是强者心态，只考虑自己的感受和利益，用强势的姿态压制对方，给人强控制感。

当我们在谈判中处于强势时，也尽量避免表现得太过强势，如果对方感觉"输"得很惨，一旦未来形势扭转，极有可能遭到对方的"报复"。优秀的客户一定懂得要让他的供应商有钱挣的道理，因为一旦他们在你身上无利可图，你在对方那里就毫无价值，对方随时可中止与你的合作，恐怕到时你也会很被动。

（三）拥有"成人心态"，学会换位思考很重要

"成人心态"就是一种客观中立的思维方式，既不是弱者心态，也不是强者心态。一个人要想让对方与自己谈判，与让对方理解自己立场相比，理解对方的立场显得更加重要，"换位思考"很重要。

不是要表现得自己很可怜，想让对方做出改变，应该向对方表现出"这样做对你有好处"或"不这样做对你有坏处"的姿态。如上案例，你可以说出你的谈判目标，比如餐费免单或住宿免费，并说明这么做对他们的好处和不这么做可能带来的坏处，肯定比仅仅来一通抱怨能得到更多实质性的补偿。

不知道你是否参加过演讲比赛或经历过面试？如果你想在演讲中获得成功，你就需要分析现场的评委甚至听众（某些时间听众也参与投票），

根据他们的背景和喜好来调整你的演讲风格和内容。当你的面试官让你做自我介绍时，你介绍"真实的自我"，如"我在大学时经常打麻将"；或说明了自己"真正的求职动机"，如"因为贵司工资高而且员工福利也不错"，反而会被淘汰。那应该如何介绍呢？不是让你撒谎，而是需要用"换位思考"的方式来介绍，必须按企业所需要的员工的角度来介绍自己，证明自己可以胜任这份工作的角度，说明自己的求职动机，这样更容易被聘用。

你组织过募捐活动吗？如何让陌生人愿意捐款？站在对方角度，首先需要知道募捐的主题，如果对方知道自己所捐的钱能解决哪个具体的问题，比如："募集多少钱就会为发展中国家的孩子带来多大的益处"、"多少钱够一名贫困山区的儿童生活一个月""用多少钱能做什么"，用数字来表示就会产生惊人的效果。如果你不能让这些人感受到做这些事带来的益处，那么他们就不会有所行动。这就要求我们必须换位思考，让对方愿意产生行动，最常见的原因就是"趋利避害"。

审视对方的心态

前面提到的"心态评估"的目的是让你拥有更多的优势心态。你的谈判优势既是现实存在的，又是一种主观认知，主观认知强于现实存在。首先，你要先认知到自己的优势；其次，对手相信你有优势，你就有；对方不认为你有优势，你就没有，所以面对不同的对手，你的优势呈现方式也会有差异。对于不同谈判风格的对手（详见第3招中的五种谈判风格）表达优势的方式有如下四种选择，如图2-3所示：

第2招 审视心态

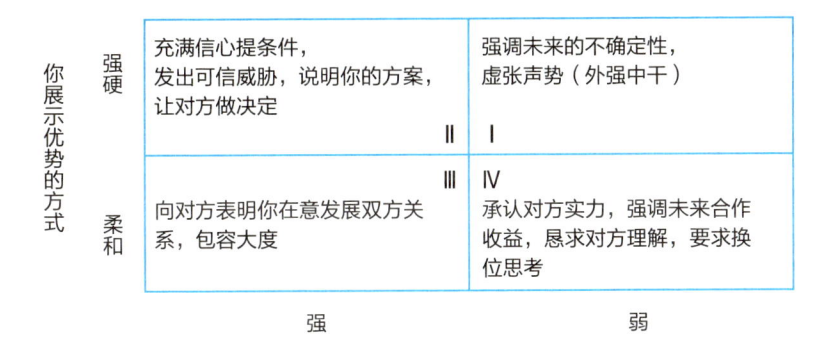

	强	弱
强硬	II 充满信心提条件，发出可信威胁，说明你的方案，让对方做决定	I 强调未来的不确定性，虚张声势（外强中干）
柔和	III 向对方表明你在意发展双方关系，包容大度	IV 承认对方实力，强调未来合作收益，恳求对方理解，要求换位思考

你展示优势的方式 / 你的实际优势（你的认知）

图2-3 展示优势的方式

情境一：你处于优势

假设你认为自己在本次谈判中有更多筹码，占据优势地位。你可以发出强硬信号，即你提出条件并表明坚持条件不做让步，你也可以以柔和的方式表示可以听听对方的建议，双方再协商，因为你看中与对方未来长期的合作关系。

怎样可以传达有影响力的强硬信息呢？就是让对方确信，你真的如你所说会采取行动，对方越相信后果是真实的就越有效。比如，因为对方侵权，你打算告对方，请上你的律师和对方直接对话的效果比你直接告诉对方一个结果更好，因为律师会陈述得更专业，比如会具体至某个法律的某条具体条款，前因后果和可能的损失将被描述得更清晰、更可信。当然，沟通结束时，你要提问对方："我们是要将这事提交法院解决呢，还是协商处理呢？"你还得考虑寻找对自己最有利的方案，这个方案最好是对双方都最有利的，说服力更强。

情境二：你处于弱势

假设你处于弱势，你仍然有两种展示优势的方式：一种是强硬，另一种是柔和。处于弱势，如何还能表现强硬？别忘记我们说过什么是优势？

不是真实的优势，而是让对方感觉到的优势。所以，你可以强调未来的不确定性，以及虚张声势，比如你可以说："那你们等着瞧。"这样说的风险也很大，一旦被对方识破，你可能一无所有，而且等的时间越长，你越想签约。

如果你的弱势很明显，而且对方知道这一点，倒不如坦率承认对方的强大，这样的行为有利于营造合作的氛围，促成协议。某著名出版社的总经理J是该企业创始人的儿子，出版社正面临一些经营方面的困难，这时X知名电影公司的企业领袖主动找到这家出版社谈合作，因为他们正在寻求能在出版行业中取得一席之地，该领袖认为出版社是他们非常合适的兼并对象，但他不希望提升对方的期望值，所以在谈判开始时非常谨慎，也有所保留。没想到的是，J突然打断了他的话，双方的谈判小组成员都很紧张，不知道他要做什么。这时，他拿出了一个小盒子，小盒子里放着一块印着该出版社字样的手表。他说："我父亲总是在和新的业务伙伴开始合作时将这样一只手表赠送给他的搭档，它代表着我的诚意，X公司是合适的买主。"虽然这是一个冒险的坦白，但是会议室里不安的情绪开始缓解，接下来，双方的谈判团队开始开诚布公地讨论如何能达成这笔交易。有时，处于弱势的人坦然承认对方的强大，并表示出真诚的合作态度，也是一种不错的应对心态。

增强内心力量的方法

（一）愿景法

愿景法是指在做一件事情之前，先闭上眼睛，想象事情圆满完成后的景象。它背后的心理学原理是暗示效应。暗示效应是指在无对抗的条件下，用含蓄、抽象诱导的间接方法对人们的心理和行为产生影响，从而诱导人们按照一定的方式去行动或接受一定的意见，使其思想、行为与暗示者期望的目标相符合。

当我们使用愿景法时，无形中我们的行为会朝向目标达成的方向，反过来影响目标的实现。

（二）呼吸法

"142比例呼吸法"是一种有助于导出α脑波进入高效学习状态、清除体内有害气体和毒素的呼吸法，可以快速提高免疫能力，增强人体精力，提升内在能量。

具体来说，"142"是指吸气—憋气—呼气的时间比例，意思是每吸气一个时间单位，便得憋气（闭气）四个时间单位，吐气两个时间单位。例如，吸气花了4秒钟，那么憋气就得花16秒，吐气要花8秒。要想身体健康，就得有正常的血液循环，把氧气和养分带给身体各部的细胞，如此你便能获得健康。为何吐气得花两倍的吸气时间呢？那是要让你的淋巴系统充分排除毒素。为何憋气要花四倍的吸气时间呢？因为这样才能使血液充分地利用氧气。所以当你呼吸时，你得吸足呼尽，这样可以有效地排除体内的一些毒素。当一个人身体健康时，自然会精力充沛，能量提升。

（三）锻炼法

运动能让人思维清晰，提高工作效率。研究表明，人在运动过后，记忆力、注意力、执行能力等都有明显提升。

人在运动后，焦虑、抑郁等负性情绪水平得到显著下降，愉快度显著提升。人们把这种现象称为体育锻炼的短期情绪效应。如果细心观察就可以发现，那些长期坚持锻炼的人的精神状态的确不一样，他们很有活力，精神会很饱满。

运动时，大脑会产生一种名为内啡肽的物质，具有与吗啡类似的镇痛作用。而人心情的好坏，与大脑内分泌出来的内啡肽的多少密切相关。内啡肽能够使人振作、精神愉悦，引起欣快感，同时可降低抑郁、焦虑以及其他消极情绪的程度。内啡肽因此也被称为快乐激素。根据霍金斯能量层级的研究，快乐（喜）能提升人的能量，因而人的创造力、想象力会更加丰富，效率也会更高。

坚持谈判中的原则

人们在谈判中趋于将利益归类到竞争层面，因为他们认为谈判主要在瓜分一块固定大小的馅饼，而通过寻求共同利益，通过创造性的思考，谈判常常可以把馅饼做大（详见第3招五种谈判风格中的合作型谈判）。研究发现，谈判双方至少在50%的时间里没能够在谈判中找到共同的利益所在。

即便最宽容的人，在谈判桌上也存在着利益冲突，这就使得我们在谈判过程中会自然地关注自身的利益，因为不会考虑对方所说和所做的事，有时候坚持自己的立场就是基于某种利益的冲突。

既然，我们在谈判中很难做到绝对理性和不受任何心理因素的影响，那么最好的方式就是坚持一些谈判中的原则，按原则来谈判，可以帮助我们减少非理性的和心理的干扰，在此，我总结出以下几个原则供大家参考。

（一）确定决策者

在谈判中，你无法决定开始的谈判对手是谁，但需要在谈判过程中了解更多的信息，逐渐清晰对方的谈判决策架构，也就是找到谁是最终拍板的人，哪些人在谈判中有影响力，尽量和有最终决策权或影响力大的人直接谈判。所谓最终决策权，在本书中指两类人：一类是项目最终由他决策和拍板的人；另一类是对谈判条款有权拍板的人。前者当然更重要，因为他可以随时中止谈判的项目或改变合作对象，如果连项目都没了，谈判自然也就终止了。后者的重要性在于，如果在项目没变化的情况下，他有权对你们的谈判条款做确认，有时这两类也可能集中在同一人身上。

在B2B的谈判中，不仅仅需要考虑面对面谈判的人，还要考虑幕后的所有谈判影响者，所有参与项目的人对项目都有影响，在不同阶段，影响力会发生变化。我们面对的谈判对象是客户或企业，但他们也是由一个个个体所组成，有时会卡在某一个人身上，而不是"客户"或"企业"上。客户方的影响者有三种角色，分别是最终决策者、产品使用者和标准把关者，还有一个角色是我们发展了就有不发展就没有的"线人"（具体详见《7招打造超级销售力》第3招），这几种角色在项目的不同阶段的参与度和影响力都会发生变化，每个个体的认知和期望也不尽相同。

为什么最好要找到有最终决策权的人谈判呢？因为他们在所有角色中影响力最大。如果不和他们直接谈，可能会导致什么结果呢？

曾有一家培训公司的老板和我谈合作，希望和我共同合作研发一门销售类的版权课程，同时要与他们原本的课程体系相融合。为了不耽误研发进度，我们决定边研发边就合作的细节进行谈判，因为共同研发这件事都是我俩第一次做，大家都没经验，需要尽量将细节考虑清楚。在课程研发至2/3阶段时，合同也进入了细节谈判的关键期，也恰在这个时间点，这位老板开始变得忙碌起来。于是，他派了助理来和我谈判。然而，我却发现这种谈判方式给我带来了很大的困扰，让我在谈判中很被动，因为我是作为甲乙双方的乙方代表，所以甲方每次让我确认时，我的回答就代表着乙方的"最终决定"，从而变得"没有退路"；而每次甲方代表在遇到需要做让步时，这位老板的助理都会说一句："哦，这个条款我再去和老板确认一下。"这样她就免去了马上回复的风险，给了自己更多的思考时间和回旋余地。所以，在谈判中，要么和决策人直接谈，要么也给自己找个"领导"，让自己在谈判中有足够的时间考虑决策。

总结一下，找到决策人谈判有如下三点意义：把控推进谈判进程；确保谈判行为有效；确保谈判高效进行。

那么，如何找到有最终决策权的人谈呢？主要有三个方法。

第一个方法，直接问。当然提问的技巧要注意，可以委婉地问："你们这次谈判主要有哪些部门哪些人参与呢？""您还需要向谁汇报吗？我看看可以如何更好地配合您。"

第二个方法，找线人了解。不要忘记在行动前先和线人沟通一下，了解全局方可进可攻，退可守。

第三个方法，根据经验推断并验证。

（二）寻找共同利益

谈判中涉及两个利益：一个是"共同利益"，另一个是"对立利益"。一场成功的谈判，一定是通过寻找更多的共同利益达成共识的。

在一场面试谈判中，你特别希望能晚几天再上班，因为刚从上一家单位辞职，希望再多享受几天假期，而公司方因为正好赶上季度末，也希望减少本季度薪酬支出，希望你晚几天上班。那么，你为什么不问一问呢？

你是一名销售，希望说服客户尽快购买一件大额商品，而需求部门正因为年底前未使用掉的预算而着急，如果你没有提出要求，那你永远无法知道对方的想法其实和你的一样。

寻找共同利益是谈判中的万能钥匙，因为共同利益是你提出自己建议的基础。不可否认的是，谈判中也存在着大量的对立利益，这就需要我们提前思考哪些建议可能会引起对方的抵制或者拒绝，预测到反对意见，提前想好建议性应对的方法，寻找能够实现双赢的低成本方案。

多年前，我看到过这样一个故事。某城市要找垃圾运输商，连他们自己也认为运输价格是选择供应商的最重要的标准之一。其中一家运输公司注意到该城市以海滩作为旅游和房地产的主要收入来源，同时他的垃圾正好倾倒在沙漠上，所以他提出更高的运输价格，但承诺可以在车辆返回时，为该城市带回干净的沙子倾卸在该市正在消失的海滩上，最终双方成功合作。这个故事告诉我们，如果我们能清晰地确定对方的利益，我们就能提供更多可能的方案，满足对方的需求，促成谈判成功，同时也达到了我方的目标，这就是超级谈判力。

● 思考题

谈判者A（某化妆品公司销售部负责人）

假设你是某化妆品公司销售部总监。

今年的销售额与去年相比下降了10%。经过调查，你发现主要竞争对手在去年推出了三大系列产品，而自己公司仅推出了一款新品，很明显，竞品占领了更多的细分市场份额。你向公司提出了希望研发部今年开发出至少四大系列产品，以赶超竞品，但是研发部负责人却以人手不足为由拒绝了你的要求。但是，为了提高销售额，你又只能坚持这么做。

面对研发部负责人强硬的态度，你将如何进行接下来的谈判呢？

谈判者B（某化妆品公司研发部负责人）

假设你是这家化妆品公司研发部总监。

你知道如果要做到销售部总监的要求，公司至少需要再配备5名员工。你从销售部总监那里了解到一年希望研发四大系列产品，感觉

> 根本不可能完成，因为由于各种原因，现在一年研发一个系列的三款产品，都很吃力，如果不督促员工加班，以现在的人力也是很难完成，更别提四大系列了。你不得不断然拒绝销售部总监的要求。
>
> 那么，你该如何应对销售部总监接下来与你的谈判呢？
>
> 思考时间：10分钟

线下培训时，我也曾提过这个问题，学员给我的答案是这样的：扮演谈判者A（销售部总监）说："通过对市场和竞争对手的分析，我认为想要提升销售额，就必须增加产品优势，特别是新品开发力度，所以还是请研发部门加把劲，配合一下我们的计划吧。"

扮演谈判者B（研发部总监）说："我对新品能增加产品和品牌优势的看法很认同，只是从目前的情况来看，这项计划的执行难度过大，本来我们部门人手就不够，公司在新品研发的资金投入缺口也很大，如果一定要这么做，首先，我担心工作强度过大，导致人员流失；其次，财务部也需要拨款增加研发预算；最后，人力资源部需要给我们部门增加人手，鉴于前两年提过同样要求不了了之的情况看，我建议还是按照每年推出一个系列三款新品的做法比较靠谱。"

你对双方如此谈判的过程满意吗？

首先，我们发现双方都在一味强调自己的立场，仅站在自己角度思考问题；其次，双方的思维模式都是"二选一"模式。所谓"二选一"模式，指的是对对方所提的提案只有"YES"或"NO"两种选项，这种思考模式不利于问题解决。因为很多时候，问题的解决方案来自非限制性信念和创新的想法。

其实，在这场谈判中，销售部总监想要达成的最终目标是"提高本年度的销售额"，而这一点，恰恰也是研发部总监所希望的，因为"提升销售额"是研发部绩效考核指标之一。

其次，要达成这个目标仅仅只能通过增加新品研发这一个方法吗？造成"销售额不高"的原因还有哪些？站在研发部总监的角度，关于员工稳定性和少加班是不是很正常？如果增加新品是最好的解决方法，那么销售部有没有可能协助研发部一起去和财务部及人力资源部谈判？或者在销售淡季时，协助研发部做好部分内部的协调工作，以提升研发部工作效率呢？诸如此类。

谈判前先做到换位思考，可以让对方感受到被理解和被尊重，从情感上更易接受你的方案，也可以让你提前考虑到对方的顾虑，思考打消对方顾虑的方法，从而最终达成谈判的共识。只有帮助对方实现利益的情况下，才能更好地实现你的目标。

而共同的利益是谈判的"万能钥匙"，能解决你和对方的几乎所有分歧，共同利益是你提出自己建议的基础。如果在某个分歧项上找不到共同利益，可参考第5招的谈判策略。

（三）提前准备应对方案

为了能够达成自己的谈判目标，你要想办法先实现对方的目标，你就需要提前确定可能引发对方抵制或拒绝你建议的利益所在，预测到可能的反对意见，这样你就能建设性地做好应对。在你准备谈判的换位思考过程中，应该花点时间问问自己，为什么对方可能会拒绝你的建议？比如，你的报价太高或者你出价过低，这些反对意见是可以预测的，那你就可以基于行业标准、规范或者从关系上说服对方，可避免你因为没有准备而过快做出直接让步。

> **思考题**
>
> 请思考以下几个问题后，完成表2-3。
>
> 1. 你想要得到什么？
> 2. 你愿意付出什么？
> 3. 你绝不能付出（底线）什么？
> 4. 每项付出和得到背后的价值。
> 5. 不做无条件让步（客户答应让步后继续）。
>
> 表2-3 我方和客户方各项条件的量化价值
>
> | 我方优先权 | 得到 | 量化价值（千元） | | 付出 | （预估）客户方优先权 |
> |---|---|---|---|---|---|
> | 1 | 量更大（交易量） | 100 | 15 | 付款条件/特别财务要求 | 2 |
> | 2 | 成为参考案例 | ? | 20 | 培训折扣 | 1 |
> | 3 | 省略产品展示/证明，以降低成本 | 15 | 10 | 短期租借执照 | 4 |
> | 4 | 将生意介绍给其他需求相似的业务伙伴 | ? | 10 | 产品证明费用退款 | 3 |
> | 5 | 第二阶段软件支付日与第一阶段相同 | 2 | 1 | 降低软件成本 | 5 |
> | … | … | … | … | … | … |
>
> 注：表格中的"？"表示暂不确定，但预计会高于付出。
>
> 思考时间：10分钟

（四）解决问题四步骤

如果我们提前想好的顾虑中未包含现场客户提出的顾虑，该怎么办？我们自然也没法准备好所有让客户认可的解决方案。这时，我们需要与对手一起来寻找可行的方案，遵循问题解决的四个步骤就很有必要了。这四个步骤分别是定义问题、找到原因、生成想法、选择方案。

1. 定义问题

如果我问你:"我一个朋友最近老是月光,这个问题怎么解决呢?"你会给我哪些建议呢?你会不会说:"想办法多挣点钱""省着点花""钱交给我帮你保管""学会理财"之类的话呢?但是这些方案对我那位朋友都无效,因为她总是在每月月底的最后一天花完钱,当天下午工资款就会到账,所以对她来说这其实不是一个问题。当你的谈判对手提出一个问题,首先你要问自己,你有没有清楚这个问题到底是什么?这到底是不是一个问题呢?也许只是对方随口说说,不需要你解决,这时你只需要用心倾听即可,根本不需要做出任何回应和让步。这就是解决问题的第一步:定义问题。定义不清时,会出现偏差,而偏差的出现会造成问题,如图2-4所示:

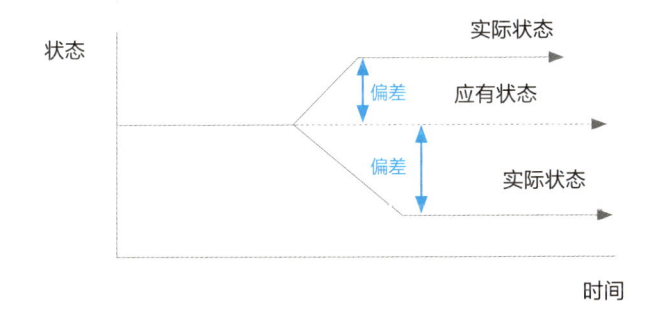

图2-4 出现偏差造成了问题

当你报价后,可能你会经常听到这句话:"你们的报价太高了!"这是一个问题吗?显然并不是。"问题"一词在英文中有两个单词,分别是Question和Problem,我们能解决的是Problem,是指有障碍和困难的事情,这类问题能解决的前提是要把这个"障碍"进行量化。比如,前面的这句"你们的报价太高了"应该如何进行量化呢?我们可以将其分成三步骤:

- 写出现状(比如,目前你的报价1 000元/吨);
- 写出期望(比如,对方希望报价低于900元/吨);

- 定义差距（比如，确定差距为100元/吨）。

> **● 练习题**
>
> 请将如下问题进行量化定义。
> 1. 如何提升同理心？
> 2. 如何利益最大化完成这场谈判？
> 3. 如何和谈判对手维护好关系？
>
> （答案见附录参考答案⑦）

2. 找到原因

你是习惯在别人问出一个问题后马上给建议，还是习惯多问一句"是什么原因"呢？我们喜欢在别人说出问题后，马上提供解决方案，因为这样会让我们显得更聪明，而一旦你给了解决方案，就极有可能错失了找到真正原因的机会。

经常有学员问我："季老师，如何提升谈判能力呢？"这个问题很大，我没办法给出有针对性的、适合他的解决方案。另外，这个问题是否定义清晰了呢？回到第一个定义问题上，我会请对方说出这个问题的现状、期望和量化差距。比如，"你现在的谈判最大的困难点在哪里？请举例说明。""你期望的状况是什么样的？请定义出你的现状和期望的差距是什么？"如果对方的回复是"如何了解对方的目标和底线""如何营造良好的谈判氛围（所谓"良好"是指双方情绪平稳，彼此信任，无明显防御情绪）""如何能达到自己的谈判目标"，这样的问题就算定义比较清晰了，但我也不会马上给建议，针对某些问题，我还会继续提问以便了解背后的原因。比如，"当时谈判氛围不好的原因是什么？""你觉得造成谈判氛围不好的主要原因有哪些？""你一般如何了解对方的目标和底线？""你不敢问的原因是什么？"……问题定义越清晰越好解决，解决方案是针对原因的，不了解原因就给不了方案，只能泛泛而谈。

所以，当你的谈判对手说出一个分歧点的时候，你不要急于提供解决方案，而是提问了解他如此关心这点的原因和他提出分歧的背后的原因是什么，我们不仅要关心表面原因，更要了解深层次的原因，那才是他真正的动机，针对动机的解决方案往往最有效。

3. 生成想法

产生好的想法，是建立在双方坦诚沟通各自的需求的基础上的，可能产生的障碍是前面提到的"固有信念"。当你觉得馅饼就这么大时，你无法产生创新的想法，而创新的想法往往能让"馅饼变大"，谈判并非永远是"零和博弈"的游戏。要产生更多创新的想法，需要做一些创新思维的练习。

● 练习题

请用创新的思维完成以下练习：

请用直线一笔将下面的点全部连接起来。

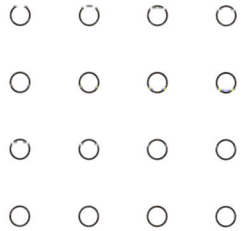

○ ○ ○ ○
○ ○ ○ ○
○ ○ ○ ○
○ ○ ○ ○

（答案见附录参考答案⑧）

生成想法，往往是指突破我们固有思维的边界，让双方收益变大，达到双赢的结果。如何刻意练习创造性的思维？我给大家准备了一个好工具，叫"What if"and"SCAMPER"。

通过例句来解释一下每个词的意思。

"What if we Substitute something ……?" 　　代替

"What if we were to Combine……?" 　　组合

"What if we Adapt something to do ……?" 　　调整

"What if we Magnify or add to it ……?" 　　放大

"What if we Modify……?" 　　修改

"What if we Put it somewhere else ……?" 　　放在别处

"What if we Eliminate……?" 　　去除

"What if we Rearrange it ……?" 　　重新安排

"What if we Reverse it ……?" 　　反过来做

"What if"的意思是"如果……会怎样",搭配前面的每个词一起使用。

以咖啡为例,看看每个维度的创意想法分别是什么。

Substitute(代替):咖啡外包装换成礼盒装,更吸引人。

Combine(组合):三合一咖啡。

Adapt(调整):咖啡变成固体状,可直接吃。

Magnify(放大)/ Modify(修改):咖啡带一次性折叠纸杯和自加热冷水冲泡功能。

Put it somewhere else(放在别处):咖啡做成工艺品。

Eliminate(去除):浓缩更便携。

Rearrange(重新安排):咖啡是点缀品包装,里面是礼物。

Reverse(反过来做):据说,有关键盘字母的排序有这样一个故事。肖尔斯公司(Sholes Co.)是19世纪70年代最大的专门生产打字机的厂家。由于当时机械工艺不够完善,字键在击打后回弹的速度较慢,一旦打字员击键速度太快,就容易发生两个字键绞在一起的情况,一旦发生,必须用手很小心地把它们分开，从而严重影响了打字的速度。为此，公司时常收到客户的投诉。

为了解决这个问题，设计师和工程师们伤透了脑筋，因为实在没有办法再增加字键的弹回速度。后来，有一位聪明的工程师提议：打字机绞键的原因，一是字键的弹回速度慢，另一个原因是打字员的击键速度太快了。既然我们无法提高字键弹回的速度，为什么不想法降低打字员的击键速度呢？这无疑是一条新思路。降低打字员的击键速度有许多种方法，最简单的方法就是打乱26个字母的排列顺序，把较常用的字母摆在较笨拙的手指下，比如，字母"O"是英语中第三个使用频率最高的字母，却把它放在右手的无名指下；字母"S"和"A"也是使用频率很高的字母，却被交给了最笨拙的左手无名指和小指来击打。同样，使用频率较低的"V""J""U"等字母却由最灵活的食指来负责。

结果，这种"QWERTY"式组合的键盘就诞生了，并且逐渐定型下来（如图2-5所示）。

当我们想生成更多想法时，我们先要注重的是想法的数量而不是质量，所以充分的头脑风暴和发散性思维就很有必要。上面这个工具就是我们发散性思维的有力帮手。

图2-5　键盘上的字母排序

4. 选择方案

选择方案主要指根据如上生成的方案，综合对手的优先权和我方优先权（可参考表2-3），按对我方和对手平衡最优的顺序选择解决方案，同时，也需要满足确定决策者原则和寻找共同利益原则。

● 小结

本章节通过分析影响心态的两大因素，即思维和心理原因，让我们正视自己心态的现状，觉察谈判中的心态变化对谈判的影响，从而提升内心力量，影响对方的心态，获得更多自信。为避免非理性对谈判的影响，建议大家坚持谈判中的四原则：

1. 确定决策者；
2. 寻找共同利益；
3. 提前考虑对方顾虑及应对方案；
4. 解决问题四步骤。

应对不同的谈判风格 第3招

第3招
应对不同的谈判风格

人们在谈判时通常有以下五种谈判风格：

- 回避型谈判——放弃谈判；
- 妥协型谈判——各让一步（很多人认为的双赢谈判）；
- 迁就型谈判——屈从于对方；
- 竞争型谈判——做好准备接受攻击或攻击对方；
- 合作型谈判——以协作或解决问题为目的，让双方利益最大化。

● 思考题

根据图3-1所示，请大家想一想不同谈判风格所带来的双方满意度分别在哪里？

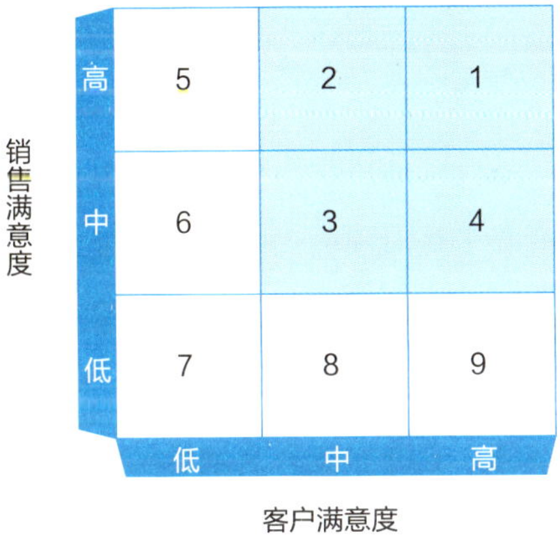

销售满意度	低	中	高
高	5	2	1
中	6	3	4
低	7	8	9

客户满意度

图3-1 客户满意度

我们最希望的应该是在"1",前面提到的五种谈判风格并非都能达成双方的高度满意,那么怎么做到双方满意度都高呢?

五种谈判风格

因为"人"是谈判中最大的变量,所以我特将谈判风格放在第3招,当我们对"人"有更多的了解时,"事"就将变得更加好办。

(一)五种风格

测试一下你的谈判风格吧!

> ● 思考题
>
> 　　你和另外9个陌生人围着一张大圆桌面对面坐着,你们彼此之间不认识,未来分开后也不会再见面。现在,进来第11个陌生人,对你们说:"如果谁能第一时间说服坐在自己对面的人站到你椅子后面,我将给你一万元,而且这个资金将由你来决定你俩如何分配。"
> 　　接下来,你会怎么做?
> 　　思考时间:5分钟

　　你是10个陌生人中的一员,你可以看到对面的人,他也正瞧着你,你们两个人中谁能够首先说服坐在对面的人站起来绕过桌子站在自己椅子后面,两人就能拿到这一万元,其他人将一无所获。请参考如下五种反应,选择最接近你的一项。

　　第一种反应是坐着不动,也许你认为这是场骗局或一万元无所谓,所以你根本不打算谈判,不谈判也是一种谈判,你可能认为没损失或损失不大,就算有收益,收益也不大,所以直接选择放弃谈判。在真实的谈判中，有些人故意不到谈判桌上来，也会拒绝在领先情况下再PK。当你对现状满意时，回避是没有问题的，但这种方法可能并非谈判中的最佳方法。

第二种反应也很常见，就是有人直接跑到你后面，而你在分配时给了他5 000元，这就是一个妥协的方法。很多人认为妥协是一种简单、公平、快速的策略，能友好地完成谈判。可是这种方法是解决问题的最佳方案吗？还需要再看看其他风格。

第三种反应是你在听到陌生人的奖励后，马上跑到对面人的后面，这种迁就型的方法让你的搭档在拿到一万元的同时，也获得了分配权，最终你可能一分钱都拿不到。记住，桌上的每个人彼此都是陌生人，未来也不期待再见面。

第四种反应是你希望自己拿到所有的钱，同时又能拥有分配权，你便属于竞争型风格。一种做法是先承诺给对方不少于5 000元，但事后毁约，这当然不道德，却不违法，也有人会这么做。还有一种做法，可能会撒谎或欺骗对方行动，最后自己一人独享一万元。无论用何种方式拿到所有好处的人，是否真是最大的赢家？搭档手里有没有除了钱之外能解决你问题的更好方案？

第五种反应是你会想为什么我们两个人不能都获得这一万元呢？这才是双方利益的最大化。那需要怎么做呢？你可以一边跑一边对搭档大喊："快跑，我们同时跑到对方的椅子后面。"如果你们足够快，并且可以做到默契配合，是完全可以做到的。这就是合作型风格。

合作型谈判的结果是最难达成的。因为它需要双方坦诚地谈论各自的需求，发现彼此的利益点，有时也需要创造性地寻找解决方案，在许多方案中找到双方利益的最大值，也需要找到双方认可的分配方式，它所需要的谈判时间也是最长的，这种谈判可实现真正意义上的双赢谈判。

你的第一选择是五种策略（如图3-2所示）中的哪一种，这就是你的主谈判风格。这种倾向有许多的来源——原生家庭、孩童时期、早期职业

图3-2 五种谈判风格

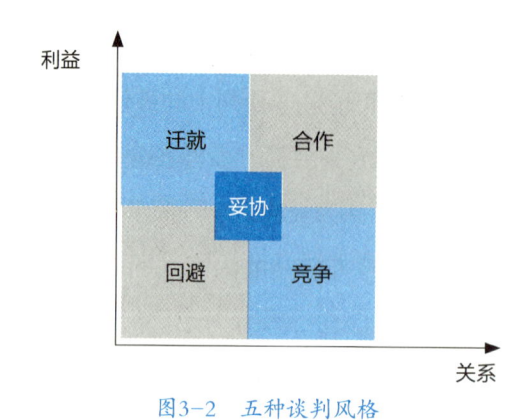

经历、人生中重要的影响人、价值观和信念等。它可能随着你能力的提升、经历、时间而改变，但我们核心的个性特征，使我们基本的谈判偏好很难发生根本性的转变。比如，我的母亲是个竞争型谈判者，虽然我父亲是个迁就型谈判者，但母亲对我的影响更大，所以我的主谈判风格也倾向于竞争型。在了解自我风格后，我会有意识地调整自己的风格，但很多时候自然流露出的还是竞争型倾向。

每种风格都具备相应的才能。强竞争型倾向的人比其他人更容易看到如何获得权利和影响力，他们通过获得更有利的结果而获得满足感。竞争型谈判的技巧旨在削弱对方评估谈判实力的信心。因此，谈判者对谈判对手的最初方案作出明显的反应是极为重要的，即不管谈判者对对方提出的方案如何中意，都必须明确表示反对这一方案，声明它完全不合适，使谈判对手相信，他的方案是完全令人讨厌的，不能同意的。强迁就倾向的人更在意人际关系和他人感受，他们更愿意帮助他人成功。妥协风格的人，喜欢各让一步的方式，以他们认为的公平分配方式快速达成共识。合作型风格的人喜欢充分了解对方需求，想出不同方案，最大限度地满足双方的利益，谈判双方不是你死我活，你争我抢，而是为着一个共同的目标探讨相应的解决方案，这就必然耗费更长时间和精力，这可能是倾向于简单、妥协，快速达成共识的妥协型风格的人所不喜欢的。假如对方的报价有利于当事人，当事人又希望同对方保持良好的业务关系或迅速结束谈判，作出合作型反应是恰当的。合作型反应一般是赞许性的。承认和欣赏对方实事求是地对待谈判的态度，但还必须强调进一步谈判的必要性。

（二）影响谈判风格的其他要素

研究者发现影响谈判风格的"早期经历"主要受两个方面的影响，性别与文化。

在卡内基梅隆大学商学院的一项研究中，琳达·巴布科克教授发现，MBA的男女毕业生起点工资有差异，男性比女性大约高了4 000美元，原因是57%的男人提出了加薪要求，而只有7%的女人会提出这一要求。乔治敦语言学家黛博拉·泰南在《听懂另一半》一书中证明了男人走向更果断、更坚持自己的立场，女人则更善于倾听，更会关注对方感受和关系。

在从事全球贸易时，语言、习惯、社交、宗教等也将影响一个人的谈判风格。

比如，在西南亚某些国家谈判，离开谈判桌是非常普遍的一种方式，他们不会因你的让步而让步，只会升级自己的要求，只有你敢于离开谈判桌，他们才会逐步让步，而一般的谈判者可能在看到自己的让步只换来要求升级时，可能直接导致谈判僵局或破裂，认为对方没有诚意。在亚非拉等地区谈判的开场更趋向于暖场和寒暄；北欧和北美人则更趋向于直奔主题。如果你想在跨文化谈判中取得成功，就需要提前了解对手的文化，做好这方面的准备，并在谈判中有耐心，世界上重要商业地区的谈判都有各自的缺陷、习惯和机会，虽然每个人的谈判风格可能不同，但最重要的是针对目标进行高效地谈判。

（三）五种谈判风格的优劣势

如果你正在为一场谈判做准备，那么请你将自己和对方的谈判风格考虑进去，因为这也是准备的重要一环。

要判断你的谈判风格，还有一种方法就是观察你在采取各种策略时的情绪反应：当你运用哪些谈判风格时，你会感到满足和享受？当你运用哪些策略时会感到沮丧不安或焦虑恼怒？

1. 回避型

强回避型谈判者擅长通过微信、电子邮件、找代理人和其他中间人的方式使面对面交锋的必要性降至最低，他们善于拖延和避开谈判的矛盾，但当个人冲突加深时，强回避型谈判者便成为一种障碍，可能加剧情势的恶化，导致各类问题的发生。比如，当对方非常乐意满足强回避者的要求时，他们会错过获得更好收益的机会。

弱回避型谈判者几乎不惧怕个人冲突，有时，他们还乐于见到冲突，他们完全能承受各不相让的面对面的讨价还价，但有时他们可能缺乏策略，会被认为对抗性过强，从而吓退对手。

2. 妥协型

强妥协型谈判者通常急于填补分歧，达成协议。他们擅长寻找能帮助他们尽快完成谈判的公平标准和方案。如果时间紧张或相关利益不大，这将是一个优点，也会让对手感觉强妥协型谈判者是"通情达理"之人，好相处。但是，强妥协者容易过快让步，也不喜欢收集充分的信息，以寻找更有利的达成协议的条件。

弱妥协型谈判者就是原则性强的人。他们喜欢上纲上线，把别人眼中的非原则性问题等同为原则而不愿让步，他们厌恶各让一步这样随意的分配原则，这也使得他们在时间紧张的情况下难以达成协议。

3. 迁就型

强迁就型谈判者更善于建立关系，更关注对方的情绪和感受，十分愿意帮助对方解决困难，在团队内部更适合客户服务类岗位，他们的缺点是过多关注关系，特别是在面对强硬派谈判对手时，容易损失自己应得的利益。

弱迁就型谈判者坚持要找到所有分歧的"最佳"解决方案，会消耗组织大量的时间考虑这个"最佳结果"，认为自己的解决方案客观上是正确的，而其他人可能认为他们过于顽固和不可理喻，太过痴迷于"正确"的结果而缺乏对他人的情感关注，从而降低对方的合作意愿。

弱迁就型谈判者和弱妥协型谈判者的共同点是都可能激怒对方，让对方感觉"顽固不化"，不同点是弱迁就型谈判者更喜欢陷入自己偏好的"正确"的解决方案中"顽固不化"，而弱妥协型谈判者更喜欢沉迷于自己偏好的"正确"原则中"顽固不化"。

4. 竞争型

强竞争型谈判者享受谈判过程，因为谈判提供了让他们"赢"的机会，他们喜欢赢。强竞争型谈判者对如何获得优势、如果开局、如何开价、最后期限、最后通牒和谈判中的技巧有很强的直觉，善于使用很多谈判伎俩，他们在谈判中精力充沛，动力十足。由于他们过于在乎结果，容易忽视对方的感受，所以在建立关系方面是他们的弱项，他们容易忽视除金钱外的非定量，但也会产生价值的其他问题。

弱竞争型谈判者不喜欢博弈，他们希望相互公平，避免不必要的冲突、解决困难及建立互信，与他们相处会让你感到特别轻松。但是，如果涉及重大利益，弱竞争型谈判者将处于劣势，损失应得的利益。

5. 合作型

强合作型谈判者也享受谈判的过程，但与强竞争型谈判者不同，他们天生擅长通过谈判发现立场背后的利益和新的解决方案，他们鼓励所有人参与，致力于找到最佳解决方案。基于此，有时他们会把简单的问题复杂化，使得本来可以结束的谈判被延长。他们还需要一些其他技巧来争取他们参与创新的一部分应得利益。当一个合作型谈判者面对竞争型谈判者时，可能是"羊入虎口"。

弱合作型谈判者喜欢在谈判开始前明确问题，谈判按议程进行，不喜欢有任何创新或变化，最好周密计划，按部就班，有条不紊，每一步行动都清晰明了。当谈判中出现的问题不在之前的考虑之列需要临场应变时，弱合作型谈判者将可能成为障碍，这时可暂停谈判，让他们有时间重新思考和制定策略。

6. 有关谈判风格的一些问题

- 是否存在"最佳风格"？
- 如何利用双方的谈判风格产生积极影响？

我们很容易适应和自己谈判风格相近的人。比如，都是竞争型谈判风格的两个人，当不同意对方意见时，你大声吼叫，对方也大声吼叫，但最终你们很快完成了交易。

合作型谈判者在谈判开始时会交流信息，提出公平的初始方案，以为对方会报以同样的善意，没想到对面坐的是竞争型谈判者，不仅不愿意透露任何信息，还使用谈判技巧探询对方底线，将所有利益全盘拿下，这时竞争型谈判者的言行可能会激怒合作型谈判者，使合作型谈判者的风格转为竞争倾向，从而对谈判结果产生不良影响。

我建议在谈判开始前花些时间了解一下谈判对手的谈判风格，比如，你可以从小问题开始谈，观察对方的反应，初步判断对方的风格，再进入主要议题。他们密切关注信息，不放过任何争取主动权的机会吗？又或者他们愿意和你分享信息，对你的每一步行动都作出友善回应了吗？前者，你需要找竞争型谈判者做帮手，后者倾向于合作型谈判。

你改变不了别人，只能改变自己。你可以转向对方偏好的风格与之进行沟通，而这一切都是为了实现你的谈判目标。

自我情商修炼

著名心理学家、心理教授彼得·萨洛维曾是这样定义情商的："个体监控自己及他人的情绪和情感，并识别、利用这些信息指导自己的思想和行为的能力。"《情商》一书的作者丹尼尔·戈尔曼认为提升情商需要具备以下四种能力：自我觉察、自我管理、觉察他人及人际互动。

无论我们倾向于哪种谈判风格，在面对不同谈判对手时仍需要调整我们的沟通方式，用对方喜欢的方式和对方沟通，才能得到更好的谈判结果，所以情商修炼是每个谈判者都需要持续的行为。有句话是这么说的：情商高智商高的人，春风得意；情商高智商低的人，贵人相助；情商低智商高的人，怀才不遇；情商低智商低的人，一事无成。由此可见，提升情商非常重要。成年后，一个人的智商变化不大，情商却是可以不断修炼和提升的。

情商不是指控制自己的情绪，因为情绪很难控制。在本书中，情商指的是自我情绪的觉察，自我情绪的管理，觉察他人的情绪，做良好的人际互动。

情绪为何很难控制？

杏仁体和海马区（如图3-3所示）负责人的情绪，如同"超近道"一样，这两个部分会在理智之前，提前作出反应。换句话说，情绪的产生是一种生理反应，不受人为控制。我们所说的提升情商是指我们可以管理好产生这种情绪的后续的行为。

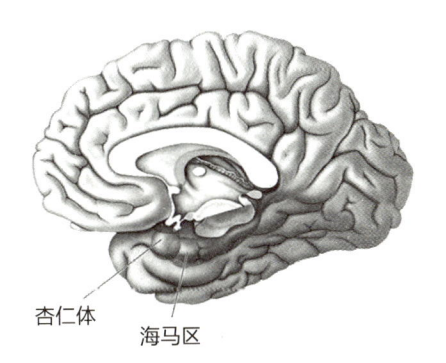

图3-3　杏仁体/海马区（大脑区域）

那么，我们应该如何来提升情商呢？

（一）学会识别情绪

你知道人类一共有多少种表情吗？这其中，有多少种可以被文字描述？我们一分钟的表情变化平均能达到多少种呢？答案分别是3 000、500、27。

你知道最常见的七种表情是什么？

《三字经》中写道:"曰喜怒,曰哀惧,爱恶欲,七情具。"

表3-1中,从左到右显示的是同一类情绪,我们可以看到情绪也有层级之分。只有学会识别情绪,我们才能觉察到自己和他人情绪的变化,做出更好应对。

表3-1 不同情绪的层级

1级	2级	3级	4级	5级	6级	7级	8级
平静	逗乐	满意	高兴	快乐	狂喜	幸福	
沮丧	心烦	气恼	生气	动怒	激怒	狂怒	
中立	低落	忧郁	伤心	悲痛	忧愁	绝望	
留心	谨慎	紧张	担心	急躁	害怕	惊慌	恐怖
赞美	友好	信任	喜欢	喜爱	热爱	激情	爱慕
反感	讨嫌	嫌恶	讨厌	厌恶	作呕	憎恶	憎恨
怀疑	冷淡	轻视	贬低	轻蔑	鄙视	嘲弄	愤世嫉俗

(二)学会管理情绪

管理情绪分为两步:转化情绪和学会善良。

1. 转化情绪六大方法

方法一,调整行为。

最新研究成果发现,人的思维会让人产生相应的行为。反之,如果我们改变行为,也可以改变我们的思维,它是可逆的。比如,行为心理学研究发现,当你心情不好时,你更喜欢往下看;当我们刻意往上看时,可以让我们的心情变好。

> ● 思考题
>
> 请按如下描述完成体验活动。
>
> 请坐在椅子上，闭眼，然后将脖子抬起，直到脸与天花板平行。好的，现在请睁开眼看天花板3分钟。感受一下能量的变化。
>
> 思考时间：5分钟

能量是提升了还是下降了？心情是否变得更好一些？研究表明这个动作会让我们的心情变好。深呼吸法也是最常用的方法，可以让大脑获得更多氧气，停顿几秒再呼出，可以提升能量值。

正如你心情不佳时主动微笑，只要微笑的时间足够长，你的心情也会变好一样，改变我们的姿势和行为，也可以反过来改变我们的情绪。

方法二，补偿利益。

补偿利益是指直接通过事情B补偿由事件A产生的情绪，B和A是直接相关的。例如，工作上受了挫折就去吃点好吃的，补偿利益背后的台词是："别人对我不好，我要自己对自己好一点。"

补偿利益的具体行为可能是吃东西、购物、打游戏等。

方法三，转移注意。

"转移注意"和"补偿利益"的概念是完全不同的，转移注意是因为A产生情绪，所以去做B，而不去想A了，B和A是无关的。转移注意背后的台词是："算了，不想了。"

转移注意的具体行为可能是看片、睡觉、听音乐、做喜欢的事情。我们不能说做某一种行为就一定是转移注意或者补偿利益，而是做出这个行为的动机是什么。不去想似乎已经被忘记了，但还会在潜意识中不断影响着未来的决策，甚至在某个特别场合重新被激发出来，所以你还需要用其他方式来做进一步转化。

方法四，抽离情境。

抽离情境的原理是指当一种情绪转化为另一种情绪之后，原来的情绪就不存在了。

当你心情不佳时，闭上眼做如下体验活动。

深呼吸，感受一下，身体还坐在椅子上，精神慢慢离开了身体，站了起来。然后，你缓缓地向后走，走到了教室的门口，回过头来，你还可以看到你的身体坐到了这个位置上，越走越远，回过头来看到你坐在座位上，像是一个电视，有一个框，整个镜头都放在了电视的框里面。随着不断往后走，框就越来越小，图像越来越模糊，虽然身体逐渐抽离，身体变成了黑白，黑白变成了雪花，所有的感觉变慢了，停止了，你用你的嘴一吹，就觉得好像全都变成了小碎片，不断地抽离，小碎片都不见了。这个时候，你的眼前取而代之的是一幅特别特别喜欢的画面，可以是蓝蓝的田，白白的云，可以是绿绿的草，金黄色的麦子。你小的时候穿着你最喜欢的一件衣服，在金黄色的麦地里奔跑。记住这个场景，让你的身体，让你的大脑，所有的东西都深深记在大脑里，一旦再碰到让你情绪特别激动的时候，把这个画面调动出来。

方法五，表达情绪。

倾诉、运动等都是表达情绪很好的方式。

方法六，寻找意义。

寻找意义包含意义换框法和角度换框法。

意义换框法是指任何事情都有正反两面，从负面经历中找到正向的意义。

我有一个朋友，一年前刚充值完一家健身房的年卡后，这个健身房就关门了。刚听到这个消息的时候，他感到非常郁闷，但转念一想，自己能否从中找到一些正面的意义呢？于是，他马上找出自己钱包里所有的充值卡，做了两个决定：一是要尽快用掉这些充值卡；二是未来尽量少办卡少充值，因为办卡充值有风险。没想到，就在他刚刚用掉一张某连锁餐饮店的卡之后，那家连锁店就被爆关闭了该城市所有的门店。

他计算了一下，因为及时去消费掉这些储值卡，给他减少了近一万元的损失，已经远远大于健身房年卡的损失。另外，由于他没有再去充新的到期卡，间接又帮他省掉了1万多元。因为他看到了这件事情背后的正面意义，改变了他的消费习惯，最终帮他降低了损失。

我们可以在很多不好的事情当中去寻找正面的意义，这叫作"意义换框法"。

角度换框法是指站在对方的角度去思考问题，也叫换位思考。

在没有GPS之前，我们找一个陌生的地址通常会这么做：拿着地址，打开地图，找到大致的位置，规划好路线开车到附近，然后按门牌号找过去。以前，我经常遇到这样的人，红绿灯已经在倒计时了，但是前面的车却开得特别慢，此时的你会不会和我一样感到很生气？直到某一天，当我开着车在找地址，被后面的人按了喇叭时，我才反应过来。从此以后，再遇到前面有人开得很慢，我就能理解了，也不会再生气，而是找机会直接变道。

有一次在高速公路上，一辆车从旁边突然超速变道，吓得我赶紧急踩刹车。所幸两车没有碰撞，但当时的我特别气愤。结果我只用了一秒钟的时间就平复了自己的情绪，你猜我用的是什么方法？其实我用的就是角色换框法，也就是换位思考法。我想的是，也许他有很急的事情要回去处理，如果我有很急的事情，也许我也会想办法变道的。所以，一秒钟之后，我的情绪就平复了，我真正放过的其实是我自己。

情绪没有好和坏。

情绪会自然产生。

接纳而不是评判。

转化而不是隐藏。

转化情绪,管理情绪,让我们更好地把握结果,让我们拥有更好的人际互动。

2. 学会善良

转化情绪是在情绪发生后,如何在情绪发生前就进行情绪管理,尽量避免让我们产生过激行为的情绪出现呢?《高效能人士的七个习惯》中给了我们一个好方法,叫作建立情感账户。

我们的情感账户就像银行账户一样,无法永远从里面取钱出来,除非你学会如何不断存钱进去。当里面有钱的时候,就算偶尔多花了一些钱,我们还能取得出来,救救急。如图3-4所示,左边的是存钱行为,右边的是提款行为。你是否不断地在做左边的事情,而有意识地少做右边的事呢?

存款
- 愉悦
- 关爱
- 尊重
- 理解
- 真诚
- 包容
- 接纳
- 慈悲

提款
- 指责
- 评判
- 否定
- 傲慢
- 冷漠
- 忽视
- 愤怒
- 鄙视

图3-4 情感账户图

> ● 思考题
>
> 选择一位对你来说非常重要的人，根据你与TA的情感账户情况，在下面适当的位置中标记出来：
>
> －1 000……………平衡……………＋1 000
>
> 列出三件你觉得对TA是存款行为的事情（未来要做的）
>
> 1.
>
> 2.
>
> 3.
>
> 列出三件你觉得对TA是提款行为的事情（未来要避免的）
>
> 1.
>
> 2.
>
> 3.
>
> 思考时间：10分钟

当我们在情感账户中存了足够的钱，就算偶尔有几次取钱的行为，对方也能理解和接受，也不会影响到双方的关系。

避免冲突性沟通的3F倾听法

在面对不同谈判风格的对手时，有一种万能的沟通方式，既体现了同理心，也帮助我们最终达成沟通结果，这种方法叫作"3F倾听法"。

首先，我们来说说"倾听"的重要性。

大卫·梅斯特在《值得信赖的顾问》一书中提到与信任相关的四要素，分别是"能力、可靠、关系"和"以自我为中心"，信任与前三个要素成正比，与第四个要素，即"以自我为中心"成反比，我们也可以理解为与"以对方为中心"成正比,这需要我们经常换位思考和具有同理心。有哪些行为可体现"以对方为中心"呢?倾听,就是一种特别好的方式,善于倾听是我们需要刻意训练的一种技能。

其次,我们来说说"倾听"的三个层级。既然倾听很重要,那我们经常处于倾听的哪个层级呢?

● 思考题

请看看自己处于哪个层次的行为发生频率最高。

第一层级:

- 为了让别人认为我是乖巧的好人,所做出的适当的行动;
- 没有集中在对方,倾听中间做些小动作;
- 将对方说的话按照自己的理解解释,并对对方产生影响力;
- 为了证明自己是对的而找出可以进行反击的漏洞;
- 为了得到一些特定的信息而无视其他方面;
- 思考和准备接下来要说的话;
- 像石像一样把嘴巴紧闭。

第二层级:

- 眼神交流;
- 点头和微笑;
- 复述对方的话(关键字);
- 身体前倾并呈现倾听对方的其他言行;
- 擅于总结沟通的内容。

第三层级:

- 对方讲述时,不根据自己的想法或固定观念评判对方,只倾听原本的客观事实;

- 对方讲述的时候，感知对方目前处于什么样的情绪，即用同理心去倾听；
- 对方讲述的时候，认真倾听对方真正需要的是什么，真正的意图是什么。

思考时间：10分钟

以上测试是为了让你觉察你的倾听目前处于哪个层级。第一层级是"以自我为中心"的倾听，第二层级是"以对方为中心"的倾听，第二层级正是3F倾听，要达到3F倾听的层级，需要经过刻意训练，如图3-5所示：

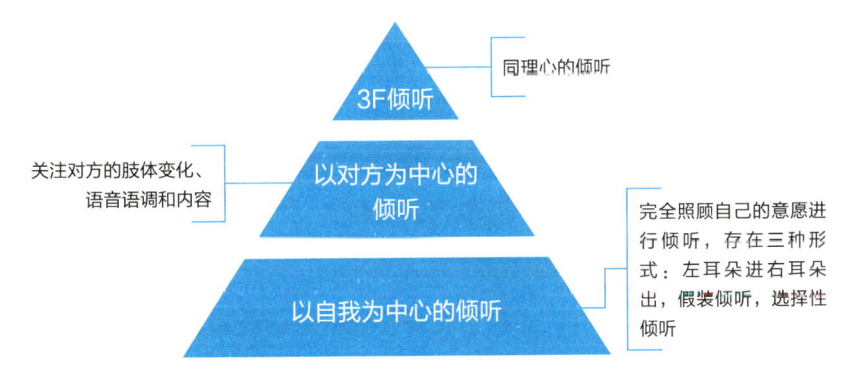

图3-5　倾听的三个层级

接下来，我们来说说3F倾听法的使用要点。

虽然3F倾听有"倾听"二字，但实际上它并不是一种简单的倾听技巧，而是同理心沟通的强大工具。

3F倾听法中的"3F"分别是指事实（Fact）、感受（Feeling）、意图（Focus）。使用3F倾听需要走两轮：第一轮走对方的"3F"（即先描述对方看到的事实，再说出对方当下的感受，最后说出对方的意图）；第二轮走自己的"3F"（即接着描述自己的事实，自己当下的感受，最后说出自己的意图）。第一轮的作用是安抚对方情绪，第二轮的作用是解决事情。

我们先来看看什么是"事实"，为什么说要先说事实？

小李这个月迟到了三次，领导找他到会议室想聊聊他最近的工作状态，并希望能帮助他提升状态。小李刚坐下，领导就对他说："小李啊，你这个月迟到了很多次，怎么回事呢？"你猜小李怎么回应的？"领导，没有啊！"因为小李觉得迟到三次不算"很多次"，谈话瞬间陷入尴尬。那领导怎么开场能避免双方理解的不一致呢？当然是说事实。如果现在用3F倾听法开场，我们应该怎么说？"小李啊，这个月你迟到了三次。"小李如果真的忘记了，领导还可以把HR提供的打卡记录拿出来，是不是小李更能接受呢？

"三次"就是一个事实，而"很多次"就是一个"判断"。我们在与对方沟通时，要先说事实，避免先说判断。

举例，主管与下属的对话。

第一种表达：小A，从我上次和你谈话后的这段时间，你工作完全不在状态，怎么回事？

第二种表达：小A，我有点担心你的工作状态。昨天内部会议你迟到了半小时，我们事先下发的上会讨论材料你也没看。今天，你又说下午要陪老婆产检请半天假。你能和我聊聊吗？

试想小A会更接受上面哪种表达呢？

大家也可能很明显地感受到第一种表达是判断，第二种表达是事实。

用判断的方式会容易让人想"逃"，因为人都是敏感的，对方会轻易觉察到我们的态度、倾向和沟通的根本目的，如果我们没有抱着同理心，站在中立的位置，对方就会想"逃"了。

第3招 应对不同的谈判风格

> ● **练习题**
>
> 请判断如下描述是"事实"还是"判断"?
>
> 1. 开会时,X先生总是迟到。
> 2. A女士很没有礼貌。
> 3. B先生,今天的会议你迟到了35分钟。
> 4. 昨天我的老板无缘无故地冲我发火。
> 5. C先生在开会的时候一直都忽略我。
> 6. 团长开会的时候没有问我的意见。
> 7. 女儿经常不刷牙。
> 8. Y先生跟我说话的时候一直在抱怨。
> 9. Z先生从不做我要他做的事。
>
> **(答案见附录参考答案⑨)**

我们很容易将"判断"认为是我们看到或听到的"事实",当未描述事实时,容易造成对方的对立情绪,因为我们的判断和对方的判断可能不一致,但事实是一致的,描述"事实"不容易在谈判之初就产生冲突,从而使谈判顺利进行下去。

再来说说"感受"。不同人在面对不同的事情时,产生的感受可能不一样吗?当我们能说出对方当下的感受时,对方的感觉会如何呢?对方会感觉到被尊重、被理解和被认可。当对方在情感上接受你时,会让谈判进展更顺利。3F倾听正是一种同理心的倾听。

> ● **练习题**
>
> 假设你在山路上遇到一个80多岁的白发苍苍的老奶奶背着一大捆柴下山,请你用一个词描述你看到时的感受是什么?
>
> **(答案见附录参考答案⑩)**

当你在思考对方感受的瞬间,你已经在换位思考了,没错,你拥有了"同理心"!当你能准确地将对方当下的感受说出来,你能体会到对方此刻的心情吗?也许是感动、感激、开心、欣喜、被理解……总之,全是高能量的感受。正是因为大家对同一件事的感受可能是不一样的,所以我们常常需要换位思考。

最后来说说"意图"。

> **● 练习题**
>
> 请说出你如何回应老客户张经理的话。
>
> 你今天去见一个老客户张经理,一见面,张经理随口说了一句话:"今天早上,我们隔壁财务处的小张又和他领导吵起来了。小张这孩子非常有才华,就是控制不住自己的脾气,哎!可惜了。"
>
> 听完这句话,你应该怎么回应?
>
> (答案见附录参考答案⑪)

下面用三个综合案例来说明如何使用3F倾听法。

案例1:我与邻居的谈判

那年我家新房在装修,我正好出差,就把装修的事托付给了老公。在课间休息的时候,无意间看了一下手机,谁知竟然有8个未接来电,还都是老公打来的,难道出什么事了吗?我赶紧回了过去,果真是出事了!原来我家工人在装修的时候往地下钻孔,一不小心把楼板打穿了!楼下上来一个60多岁的阿姨,对我老公说让我们赔偿他们的精神损失费。听完后,我对老公说:"老公,你让工人先停工回去,我明天回上海再来解决这件事情。"其实,我心里已经有主意了,处理这事最好的方法就是用3F倾听法。

下了飞机，直接打车来到楼下，敲开了楼下邻居家的门，老太太一见我就问道："你是？"我说："阿姨，您好，我是……楼上的邻居……"话音未落，只见老太太气鼓鼓地说："啊？找你们一天了，人都不知道去哪里了！"我说："我方便进去看看情况吗？"老太太显然还在气头上，提高了嗓门说道："哼，进来看看吧，都成什么样了？！"跟随老太太进去后，找到出事点，我往上一看，上面已经隐约有六个洞的印子，有几个还被打穿了，地下和物品上都是掉落的大大小小的石灰块。说实话，这事发生在谁身上都会生气的。于是，我尝试和老太太开始沟通："我看到了，您家房顶上被我们的工人师傅打了六个洞，您现在一定很生气，换成是我，肯定比您还气！您也一定希望尽快解决这件事。"听我说完这些话，你猜老太太对我说了什么？她的神情比刚才友善了很多，语速也慢了下来，她说："哼，你比你老公好多了。"我心里暗暗想："是啊，因为我懂技术呀！"看到她情绪缓和了很多，我又接着说道："其实我是今天才出差回来，从机场就直奔您这里来了。我们和工人真的没想到楼板这么薄，我们真的不是故意的，现在，我心里特别愧疚和着急，希望尽快帮您处理好。那您看需要我们接下来怎么处理呢？"老太太说："那你们就尽快帮我们补补好吧，不过，我希望尽量颜色一致，看不出来。"我当即表示感谢，并马上叫工人来修补，当天就把她的房顶给补好了，她感到非常满意。至今，我们两家关系都特别好。

我们来分析一下，我是如何使用3F倾听法避免了一场冲突性的沟通的呢？我们再来巩固一下，3F倾听法需要走两轮，先走对方的3F，再走自己的3F，即先说对方的事实、感受和意图，再说自己的事实、感受和意图。现在，来拆解一下我的六句话，我是如何先说对方的三个F的呢？

> **对方的事实：** 您家房顶被我们的工人师傅打了六个洞。
>
> **对方的感受：** 您现在一定很生气，换成是我，肯定比您还气！
>
> **对方的意图：** 您一定希望尽快解决这件事。
>
> **我的事实：** 我是今天才出差回来，从机场就直奔您这里来了。我们和工人真的没想到楼板这么薄，我们真的不是故意的。
>
> **我的感受：** 现在，我心里特别愧疚和着急。
>
> **我的意图：** 希望尽快帮您处理好，您看需要我们接下来怎么处理呢？

为什么在"我的意图"这里，我没有直接给建议，而是用提问的方式代替了呢？你知道"精神损失费"是多少吗？如果你先说，说少了显得没诚意，说多了也不合适，所以，如果你也心里没底，就先让对方说吧，这也是一种谈判的技巧。

再给大家举两个工作中的例子，来说明3F倾听法是如何化解冲突性的沟通的。

案例2：我与下属的谈判

我有一个下属谈了一个大单，大客户的需求总是很多的，有些需求我们无法直接答应客户，需要公司几个部门的总监一起研究讨论解决方案。于是，作为销售部的负责人，我提前两周预约了公司的客服部、法务部、市场部的各位总监，一起参加当天下午一点半的会议。当然，我的下属是主角，因为他最了解这个客户的情况，他本人会亲自参加。

临近一点时，我接到了下属的电话。他说："领导，我女儿生病了。"他的意思很清晰，女儿生病了，老师让家长马上去接孩子看病，他需要马上离开，无法参加下午的会议了。如果是你，你准备怎么回复他呢？让他带女儿看病？那提前两周约好的会议就没法开了，再说有几位总监还是推了重要安排才来参会的，下次再约会有一定的难度。让他必须参会？下属会怎么看你呢？也许他被迫来参会，效率高低自不必说，他还会暗暗记下领导的没人性，这事真让人左右为难。不过还好，咱们不是有"3F倾听法"这个工具呀！于是，我回复道："小张，我知道你女儿生病了，你现在一定很着急，你希望马上带女儿去看病。"听我说到这里，他焦虑的心情可能放轻松了一些。他说："是的，领导。"我接着说："小张，你知道的，咱们这次会议是两周前就和各位总监打好招呼的，把他们约在一起很不容易，如果今天你不参会，我估计这会是开不成了，下次再约他们估计会难上加难，我现在也有点着急，不知道该如何是好，你说有什么办法可以既不影响你带女儿看病，也不影响我们这个会议呢？"结果，他主动提出用电话会议的方式参会，我们打了一场很好的配合战。由于方案反馈得及时，最终，他也顺利签下了这个大客户。

我们再来拆分一下如上对话是如何应用3F倾听法的。

> **对方的事实**：小张，我知道你女儿生病了。
>
> **对方的感受**：你现在一定很着急。
>
> **对方的意图**：希望马上带女儿去看病。
>
> **我的事实**：咱们这次会议是两周前就和各位总监打好招呼的，把他们约在一起很不容易，如果今天你不参会，我估计这会是开不成了，下次再约他们估计会难上加难。
>
> **我的感受**：我现在也有点着急，不知道该如何是好。
>
> **我的意图**：你说有什么办法可以既不影响你带女儿看病，也不影响我们这个会议呢？

案例3：主管与小A的谈判

1. 常规沟通法

主管度假回来，一进办公室，小A满面春风地进来："主管，周末的时候B公司要签合同，他们要求降价5%，由于当时您在休假，情况紧急，所以我没向您汇报就签了。这不，合同也拿回来了。"

只见主管黑着脸说："签单是你的工作，降价这事你也揽了？看来我这个主管确实也没有什么用了。"

小A进来的时候还满脸喜悦，听主管这么说，先是一愣，然后回答道："主管，这个客户我跟了一年了，我是赶后半夜的动车去和他签的合同。降价5%是在公司价格红线以内的，难道我签单还签错了？"

主管说："你签个单还有理了，公司有公司的制度，你这样越级让别人怎么看我们部门，怎么看我？"

此时，这个谈话已经进行不下去了。

多么熟悉的对话，可以闻到火药味，甚至可以从谈话中听出两人关系破裂的声音。

2. 3F倾听沟通法

如果用3F倾听沟通会是什么结果呢？

主管度假回来，一进办公室，小A满面春风地走了进来："主管，周末的时候我把和B公司的合同签了。就是他们降价了5%，您不在，情况紧急，所以我就擅自决定了。"

主管听到的事实：小A放弃了休假跟进客户，因为主管不在，时间紧急，就降价签了合同。

主管听到的感受：小A很开心、很兴奋。

主管听到的意图：小A希望得到支持和鼓励。

主管自己的事实：小A因为我休假在外，时间紧急而降价签了合同。5%的降价在公司价格红线之内。

主管自己的感受：感动和高兴。

主管自己的意图：下属在努力付出，在工作处理中积累了经验，继续激发他的成长会对整个团队更有益。

此时主管拍着小A的肩膀说："小A，你辛苦了，为了不影响我休假，你放弃了休息时间去见了客户，还签了大单，我知道你很开心，我也真心替你高兴呢，继续加油，争取年底绩效拿到A档。你看工作上还有什么需要我支持的吗？"

小A说："主管，谢谢您的鼓励（此时小A很高兴，因为他的努力得到了你的认可），就是降价这个事情虽然在价格红线内，但没有经过您的允许，可否帮我补个手续。"

主管："小A，你也知道部门有部门的规定，说实话，这次你这么操作，我真有点尴尬，这次是特殊情况我会解决的，下次你要注意按规则来办事。这是我旅游的时候带回来的一点小礼物，按你这样的签单速度，你一直在想你家宝贝出生要住在高端月子中心，那应该是一点问题都没有了。"

小A走出主管办公室的时候，带着领导的小礼物，想象着宝贝出生后住在高端月子中心的画面，心里暖暖的，他对未来充满了希望，对接下来开拓新客户也有了十足的干劲。当然，他也记住了下次要按部门规则来办事，不让领导难办。

与此同时，小A主管的心情也很愉悦，他在鼓励了小A的同时，也解决了问题。

你看，同样的一个对话场景，转换了沟通方法，不但创建了主管和小A的双赢谈话局面，还可以预见二人未来的良好关系。

3F倾听法不仅适用于生活，更适用于工作中，帮助我们用同理心倾听，避免冲突性的沟通。在谈判中，我们要学会先听再说，先安抚情绪再处理事情，用好3F倾听法，既能处理好关系，又能处理好事情。

> ● 小结
>
> 　　1. 五种谈判风格分别是回避型、妥协型、迁就型、竞争型、合作型。
> 　　2. 最常见的七种情绪：喜怒哀惧爱恶欲。
> 　　3. 转化情绪的六种方法：调整行为、补偿利益、转移注意、抽离情境、表达情绪、寻找意义。
> 　　4. 管理情绪的两大方法：情感账户、学会善良。
> 　　5. 3F倾听法：说对方的事实、感受和意图；说自己的事实、感受和意图。

做好谈判准备 第4招

谈判目标、BATNA与底线

（一）谈判目标

当我们谈及"目标"这个词时，指的是你应该实现的最高合理期望。你想在这次谈判中得到什么？制定你的谈判目标，然后去实现它。

1. 在制定谈判目标时，要避免的三件事

谈判目标的制定是一项非常关键的工作。所以，在制定谈判目标时，我们要尽量避免三件事。

第一，目标过低。当你设置的目标过低时，你将失去得到更多利益的机会。当你一开口，对方可能立即答应，结果往往令人遗憾，这标志着你的要求过低。

第二，目标过高。这种情况可能令你的态度过于强硬，并拒绝做出让步，导致谈判陷入僵局或破裂。

第三，别人不愿给的才是目标。当你没有目标时，很容易被错误引导，认为别人不愿给的正是我想要的，不蒸馒头也要争口气。

2. 在制定目标时，要特别关注的三件事

既然制定目标如此重要，那么，在制定谈判目标时，我们要特别关注三件事。

第一，符合SMART原则。SMART来自五个英文单词的首写字母，S=Specific、M=Measurable、A=Attainable、R=Relevant、T=Time-bound。

- 目标必须是具体的（Specific）；
- 目标必须是可以衡量的（Measurable）；
- 目标必须是可以达到的（Attainable）；
- 该目标要与其他目标（一般指更高目标）具有一定的相关性（Relevant）；
- 目标必须具有明确的截止期限（Time-bound）。

> ● 思考题
>
> "如何完成一场高效的培训？"这句话哪里不符合SMART原则？
>
> 思考时间：3分钟

第二，可以是行业最高，但需要三个合理理由支撑。

第三，开价要高于目标才有可能达成目标。

人们往往倾向于定一个不是那么难达成的目标（实际我们可以达成更高的目标），那人们为什么倾向于制定一个适中的谈判目标呢？主要有三个原因。

其一，适中的目标容易实现，可以保护我们的自尊。如果我们制定的目标较低，就不容易失败，所以我们经常把底线设定为目标，认为那就是好的表现，避免失败和遗憾带来的不愉快。

其二，我们没有收集到足够的信息，无法预测收益。如果我们知道买方不得不购买我们的产品，我们的产品对对方意味着高价值或者独一无二，你还会设定低目标吗？没有好好准备，是我们无法设定高目标的原因。

其三，我们没有取胜的欲望。谈判对手比我们更迫切地需要钱、权力和影响力，我们缺乏动力，所以何必在无关紧要的事上和别人发生冲突呢？

调研发现，影响最大的是第一条，我们倾向于保护自己的自尊。

那如何突破呢？

人格心理学、社会心理学和发展心理学领域的杰出研究者卡罗尔·德韦克（Carol Dweck）在《终身成长》一书中提到了成长型心态和固定型心态，两者最大的区别在于，一个是谋求进步，另一个是证明自我。具体如图4-1所示：

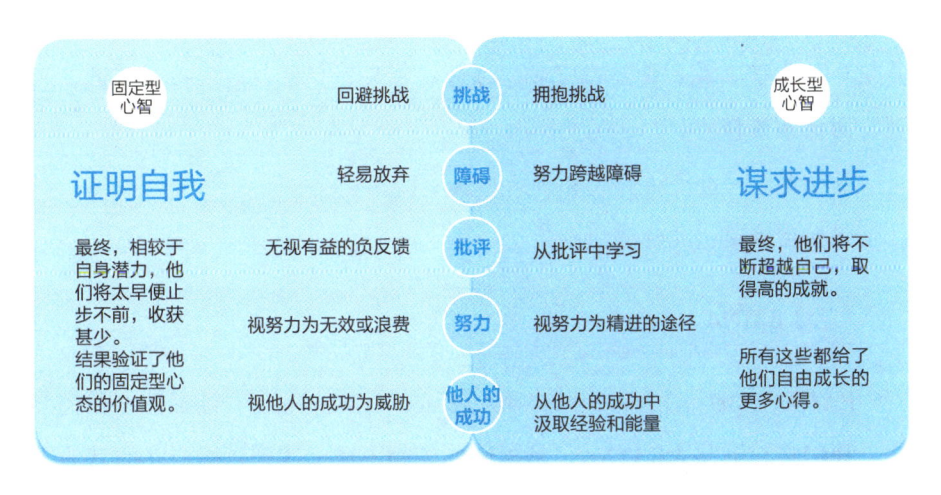

固定型心智				成长型心智
证明自我	回避挑战	挑战	拥抱挑战	**谋求进步**
最终，相较于自身潜力，他们将太早便止步不前，收获甚少。结果验证了他们的固定型心态的价值观。	轻易放弃	障碍	努力跨越障碍	最终，他们将不断超越自己，取得高的成就。所有这些都给了他们自由成长的更多心得。
	无视有益的负反馈	批评	从批评中学习	
	视努力为无效或浪费	努力	视努力为精进的途径	
	视他人的成功为威胁	他人的成功	从他人的成功中汲取经验和能量	

图4-1 固定型心态和成长型心态的区别

德韦克做过一个实验。有两组学生在完成拼图任务后，一组被表扬"聪明"，另一组被表扬"努力"。接着，他又让这两组学生做拼图任务。但这次他们可以自由选择拼简单的拼图或是更难的拼图。结果，被表扬"聪明"的学生，更多地选择了容易的拼图。最后，他又进行了第三组实验，是学生们肯定做不出来的难度，看谁更快放弃。不出所料，两组学生都没有完成，但被表扬"聪明"的学生更早放弃了（平均值）。这说明了，如果我们是固定型心态的话，会倾向于设定低目标，因为这样会让我们看起来更"聪明"，更容易完成目标；如果我们拥有成长型心态的话，会更愿意迎接挑战和面对障碍，因为我们明白，这将使我们不断成长和进步，最终帮助我们实现一个又一个目标。

有一则古老的故事。

一位祖父给他的孙子上了一堂重要的人生课。

祖父告诉他的孙子，我们每个人的内心都在战斗，是两只狼之间的战斗。

他说，"我的孩子，这场战斗是生活在我们内心的两只'狼'之间的。一只是邪恶的。它是愤怒、嫉妒、悲伤、后悔、贪婪、傲慢、自怜、内疚、怨恨、自卑、谎言、虚假的骄傲、优越和自我。另一只是善。它是快乐、和平、爱、希望、宁静、谦逊、善良、仁慈、同理心、慷慨、真理、同情和信仰。"

孙子想了一会儿说："那哪只狼赢了？"

祖父回答说："你喂的那只。"

（二）BATNA

BATNA（Best Alternative to a Negotiated Agreement），即最佳可替代方案，我们将它缩写为BATNA，是指假如谈判不成，达到目标所在的其他可能性。如果除谈判结果之外，其他的可能性微乎其微，那么谈判者就应该尽量将谈判谈成而不是放弃。一个人对BATNA的估计决定这个人的谈判底线或者临界点在哪里。在这一点上，任何谈判条件都超越他的期望，都是他可以接受的。

实际上，你的谈判目标受你谈判对手的BATNA影响，但我们得先有个目标，因为目标让你充满动力，目标让你有方向，有时也可以引导和创造对手的BATNA。而找到你的BATNA的最大好处是让你获得更大的心理优势，从而在谈判中获得更好的表现。

很多人没有在谈判前制定目标，使谈判结果更接近了自己的底线，甚至低于"底线"，因为他们没有评估过真正的底线在哪里。设定底线和你的BATNA有关，它决定了谈判者什么时候应该离开谈判桌。

● 思考题

现在，你准备换套更大的房子，为了能少贴钱，你希望尽可能把自己现有的这套房子卖个好价格。

为了实现这个目标，你先去咨询了附近的一家房屋中介（我们称为A）。对方帮你估价500万元。请问，接下来你会采取什么行动呢？

思考时间：3分钟

如果只找一家中介，你无法确定他提出的这个价格是否合适，所以，你接下来要做的事就是尽量多找几家中介了解行情，挂出合适的价格。

你可以在家附近再找几家房屋中介进行咨询，然后选取估价最高的那一家（我们称为B）。当然，你也可以在网上直接挂牌（现在网上有上下家直接对接的平台，可以省去不少中介费，我们称为C）。

无论如何，这些都将产生一定的中介费用，你还有没有其他选择呢？比如朋友圈或亲友团发出信息，如果正好有想买房打算的，你们直接对接成交，那样就不会产生任何中介费用了（我们称为D）。

经过一番打探，了解下来的情况如图4-2所示：

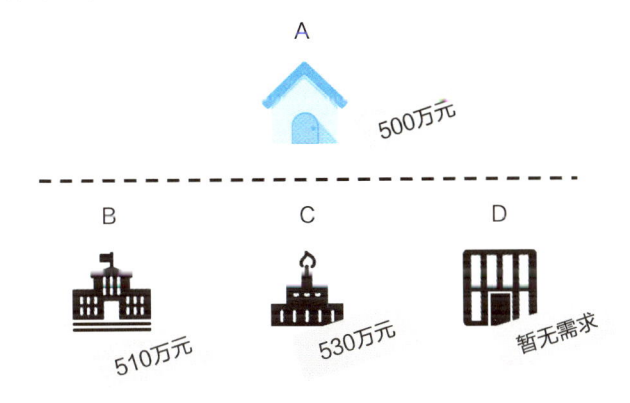

图4-2 卖房方式及价格

你了解到C渠道价格最高，但C渠道的房源信息过多，如果没有人帮你推送的话，很可能会延长交易时间，而A和B都承诺你如果签订独家代理的话是可以将交易时间签入合同的。通过找BATNA，至少你在谈判时可以用C的价格和A或B争取更高成交价格或交换其他交易条件，实在谈不下来，你还有其他选择，这让你在谈判中拥有更好的状态。

值得注意的是，对方可能会操纵影响你的BATNA，让你做出错误的选择。比如告诉你，他的竞争对手（其他房屋中介）无法满足你的某项需求，所以他是你的唯一选项，这样你就得答应他提出的所有条件；又或者告诉你一些假消息，让你觉得开价比对方BATNA还高，从而就范。适当的时候，你也需要提醒对方关注他的BATNA，比如告诉对方如果不接受你的开价，短期内将找不到更好的房源。

A公司给我某位MBA学员50万年薪，外加股权、额外20天年假和各种福利，向他抛出橄榄枝，A公司就是他的BATNA了，但他对B公司情有独钟。恰巧，B公司通过猎头也找到了他，这位学员需要问自己的问题是：B公司需要支付我多少才与A公司持平？这就是他的底线，包括但不仅限于工资、股权、交通费及各种福利，还包括可能涉及的定居城市及生活质量的变化等。底线即是谈判者BATNA的量化。因为没有明确我们的BATNA，导致我们很多时候拒绝了高于BATNA的条件或接受了低于BATNA的条件。为避免如上两种情况的发生，我们来学习确定BATNA的四步骤。

步骤一：头脑风暴，列出所有可选方案。比如你要卖房，为自己设定一个最低可接受价，如果低于此价你会怎么做？可能是再降一些价，或者继续住在房子里，也可能是出租房子。你应该考虑尽可能多的备选方案，但要注意方案的可行性。

步骤二：用评价矩阵选择评估备选方案。评价矩阵包括澄清目标、建立标准（及设置权重）、评价选项和获得共识（分数），如表4-1所示：

表4-1 评价矩阵法

目标：减少客户投诉

	成本效率		实施简易度		产品高质量		提高客户满意度		总分
	分数	权重3	分数	权重2	分数	权重4	分数	权重4	
6小时内亲自送到客户手中并安装好	1	3	2	4	5	20	5	20	47
快递给客户，并随附安装说明书	5	15	5	10	1	4	2	8	37
快递给客户，并提供在线视频说明如何安装	4	12	4	8	3	12	3	12	44

注：分数按1（差）～5（好）为各个选项打分

网格分析法的具体操作步骤为：

- 制定本次谈判的目标，尽量符合SMART原则；
- 找到几个不同的备选方案，如表4-1中的"选项/项目"；
- 制定选择的标准，并确定每个标准的权重；
- 给每个备选方案打分，同时乘以权重系数，得了总分；
- 按总分排序备选方案的顺序。

这时，你还可以根据每个方案中的同类项进行直观对比，找出每个方案中同类项的最佳选项。比如，方案中均包含价格、付款条件和附加服务，你可找出此三项中的最优条件，再与对手进行第二轮谈判。

步骤三：尝试改进你的BATNA。很多企业的采购人员每天都忙着和不同的供应商谈判，他们未必是把该供应商放在首选位置，但每个供应商的让步就变成了他新的BATNA，他就有资本提升底线，不断提升他在谈判中的主动性。

步骤四：决定你的底线。当你决定了最具吸引力的BATNA后，就可以确定底线了。

下面我们通过举例的方式来系统地说明一下。

假设你的房子在6周内以1 000万元出价的可能性为60%，而得到950万出价的可能性是95%（含1 000万元的60%），出租房子后的估价仅为800万元，出价的可能性是5%，你可以运用这些信息计算出你未来出价的底线值（P为出价概率）。

房价为1 000万元的概率P1为60%，降为950万元的概率P2为35%（已剔除P1的60%），出租后再出价的概率P3为5%。

这些风险总价值的计算方法为：60%×1 000+35%×950+5%×800=972.5万元。

以这个价格做为未来6周的底线是比较合理的。

有关BATNA有两个注意事项：

1. **不仅要考虑自己的BATNA，也要考虑对方的BATNA**

> ● 思考题
>
> 　　你作为销售代表，销售业绩一直在公司名列前茅。但是，与公司其他同岗位的同事相比，你的薪水却没有高出多少。你渐渐对此产生了不满，特别是在收到某猎头公司电话后。于是，你决定找老板商谈一下涨薪的问题，你的预期是薪水提升10%。你希望的这个涨薪幅度是公司内部涨薪幅度的两倍。
>
> 　　公司老板会接受你的要求吗？谈判时，你要向对方怎样提出才可以实现自己的目标呢？
>
> 　　思考时间：3分钟

这个问题很现实也很常见。如果你知晓了这个问题的答案，这将给你未来的生活带来不小的帮助。

从你的立场来看，你向公司提出的涨薪要求，应该是已经与同行业的其他公司进行过比较之后得出的一个结论。也就是说，在此次谈判前，你已经为自己找到了一个BATNA，即同行业其他公司的员工，在取得同样业绩的前提下所能获得的薪水。如果你现在入职其他公司，那么在这家新公司能拿到的所有的薪水数额便是本次谈判中的底线。

以你的业绩来看，哪怕在本次谈判中没有达到你想要的涨薪目标，那么其他公司也同样会给你一个不错的薪水。所以，你并非一定要在本次谈判中和现在所在的公司达成共识。

而这会成为你在本次谈判中一个非常有利的筹码，就是你有BATNA。

据统计，你每年能给公司带来500万元的利润。这样看来，你所提出的涨薪10%（即年薪100万元）的要求其实并不过分，如果公司不能满足你此次涨薪要求而失去你的话，公司将会蒙受更大的经济损失。失去了你就意味着公司每年将损失500万元；相反，同意你每年100万元年薪的要求，就等于保住了500万元。这样看来，公司同意给你加薪的确是一个非常合理的判断。

但是，千万别高兴得太早，你不仅要考虑自己的BATNA，也要考虑对方的BATNA，也就是站在公司的立场想想它的BATNA是什么。

假设公司现在不雇用你，而雇用一个与你业务能力相当的人，而这个人的年薪是50万元，那么对于公司来说，就没有必要同意你提出的年薪100万元的要求了。

由此看来，如果公司选择雇用其他人来代替你的话（可以把这点看成是公司的BATNA），那你在本次谈判中所处的位置就非常不利了。

因此，我们可从中得出一个结论，谈判双方一定要考虑清楚，一旦谈判破裂的话，双方还会有哪些其他选择，而这些选择又会给彼此带来什么影响。

如果即使谈判破裂，对方也毫无损失的话，那么你在本次谈判中的目标将很难达成。

谈判结果是由谈判双方的BATNA决定的。

> **● 练习题**
>
> 假设你不受其他因素的干扰，随时可行动，你想租学区附近的房子，每年3～4月是租赁的旺季，你会选择什么时间租房呢？选择一：12月；选择二：5～6月。你会选哪个，为什么？
>
> （答案见附录参考答案⑫）

2. 你的BATNA是谈判中最重要的实力来源

如果一个谈判者有强有力的BATNA，谈判几乎轻而易举。你所要做的就是告知对方你所提供的选择，并让对方给出条件高于自己的BATNA。在大多数情况下，人们并没有强有力的BATNA，正因为如此，我要提醒你，除非你准备让对方给出的条件仅仅比自己的BATNA高出一点点，否则最好不要暴露自己的BATNA。谈判者必须在谈判之前就试着努力发掘和改进自己的BATNA。能够合理利用各自BATNA的谈判者将得到最有利于己方的协议形势，因而，强烈建议谈判者在谈判过程中使用下列三个战略。

- 多给自己一些选择，即使你已经和对方坐到了谈判桌前。多给自己一些选择还是很重要的。因为在双方达成协议之前，谈判仍可能由于一系列可预知和不可预知的原因而破裂。人们必须要与结束谈判的本能需求进行斗争，而且最终要给自己留一些选择的余地，而这一点通过谈判本身并不能达到。

- 让对方知道你还有其他选择。除非你给对方一些适当的暗示，否则对方不会知道你还有其他的选择。在谈判中，我们不提倡与BATNA有关的误导，但是，暗示对方你有其他替代行动方案并不算误导。

- 估计对方的BATNA。你应该运用客观的方法估计对手的BATNA，尽早开始，不要等到你坐到谈判桌前才开始估计。揭示对方BATNA的线索很难在谈判现场被觉察到，因为大部分的谈判者不会透露自己的BATNA。在谈判之前评估最新的数据（如果你有的话）、前些年的数据以及当前的市场趋势——总之，你所能得到的所有资料，同时，使用多方面的资料来源。调查对方的BATNA是值得投入你的资源和时间的。

（三）谈判工作表

提前准备好一份如下的自我评估提问表（如表4-2所示）和一份谈判工作表，可以让你事先预防对方可能的压榨并从容应对。

表4-2 自我评估提问表

自我评估	对对方的评估	对形势的评估
·我想要什么（设置目标点）？ ·我达成协议的替代方案是什么（确定BATNA）？ ·确定我的底线 ·什么样的焦点会影响到我呢？ ·我敢保证目标点不会受底线影响吗？ ·需要谈判的问题是什么？ ·在谈判中，解决这些问题的替代方案是什么？ ·我已经准备好应对复合性问题的不同建议组合方案了吗？ ·我评价自己的风险倾向了吗？ ·我的信心程度怎么样？	·对手是谁？ ·对手可能会不出现在谈判桌前吗？ ·谈判成员团结一心吗？ ·对方的切身利益是什么？ ·对方解决每个问题的替代方案是什么？ ·对方的立场是什么？ ·对方的BATNA是什么？	·谈判是一次性的、长期的，还是反复的呢？ ·谈判是必须的，还是一次可有可无的机会？ ·谈判是一种交换还是争论？ ·谈判合法吗？ ·有时间限制或与时间有关的花费吗？ ·合同是正式的还是非正式的？ ·在什么地方谈判？ ·谈判是公开的还是保密的？ ·第三方有可能参与吗？ ·谈判的进程有什么规范吗？ ·在谈判中，双方都不止一个提议吗？ ·谈判的交流是直截了当的还是心照不宣的？ ·谈判双方有力量差异吗？ ·先例重要吗？

据此，整理出一份谈判工作样表供大家参考，如表4-3所示：

表4-3 谈判工作表

今天是否能确定？	以下信息是否已明确： √ 决策：购买决策权？ →→→ 销售副总裁 √ 价值：认同投资回报率？ →→→ 销售副总裁 √ 投入：法律、技术、管理方面的支持？ √ 痛苦：计划完成与否？ √ 变化：是否了解成本变化？ →→→ √ 几个月收回投资	准备： √ 价格？ ___ 条件 ___ 风险
立场1：计划	"我们的计划中明确规定下月1号开始执行。推迟会带来损失，这个会有变化吗？"	
立场2：价值	"我们计算投资回报时，您曾表示算上成本，回报金额比你们预测的高，而且此项目在11个月内就会收回投资。"	
立场3：痛苦	"由于你们一直未能达成新客户收入目标，所以我们花了3个月的时间进行调研，你们如果不能具备这些能力，问题还会延续。"	

"要我让步的唯一条件是，您也做出让步。"
客户可能会问："例如哪些事情？"

"您是否能将第一阶段与第二阶段合并操作，让我们本季就启动完成所有服务？"

（保持沉默！除非客户接受此条件或提出新条件）

"你若能将第一阶段与第二阶段合并，我们愿意随产品附赠价值_____元的_____。我们是否能以此为基础，做进一步协商？"

第一个问题："今天是否能最终确定？"的答案一定是肯定的，否则我们也不能一步到位给出最终的条件。第二列的问题，即你"是否了解以下信息"，当面对复杂型项目时，不容我们轻易搞砸，就非常有必要了。

使用时，我们可以进行如下对话。

你："您今天是否能确定签约呢？"

对方："是的，但你们的价格太高，我们还需要再谈一谈。"

你："我们的计划中明确规定下月1号开始执行。推迟会带来损失，这个会有变化吗？"（立场1 计划）

对方："是的，我们也不想拖延，但我们无法接受这个价格。"

你："我们计算投资回报时，您曾表示算上成本，回报金额比您预测的要高，而且此项目在11个月内就会收回投资。"（立场2 价值）

对方："我们正在做下一年度的预算，希望今年可以省点钱，挪到下一年度使用。"

你："由于贵公司一直未能达成新客户收入目标，所以我们花了3个

月的时间进行调研，如果贵公司不具备这些能力，问题还会延续。"（立场3 痛苦）

对方："希望你们在价格上做一些让步，这样我跟老板也好交代。"

不轻易妥协也是让对方知道你不会在没有回报的情况下随意让步。就算让步，也是带有交换条件的。

你（意识到需要做出有条件的让步）："如果我这么和公司说，肯定没法说服公司，除非您能给我一些说服的理由。"

对方："哦，比如呢？"

你（你的第一项"得到"）："是否能将第一阶段与第二阶段合并操作，让我们本季就启动完成所有服务？"

对方："应该问题不大。"

你（等客户承诺后，再继续往下谈）："若能将第一阶段与第二阶段合并，我们愿意随产品附赠价值两万元的免费咨询。在这个基础上，您看我们今天是否可把合同敲定？"

在本例中，我们用有价值的免费服务（价格没有什么下调空间了，而且价格是我方最不希望让步的部分）来交换价格。

谈判区间ZOPA

在确定谈判双方的BATNA之后，下一步就要确定能够达成协议的条件了。划定一个自己可以接受的范围，如果对方提出的条件超出了这一范围的话，双方就无法达成此次谈判的协议了。"ZOPA"的英文全称是"Zone of Possible Agreement"，即"达成协议的空间范围"，简称"谈判区间"。

何谓"谈判区间"？即卖方或买方各自谈判的目标与底线的区间。目标和底线又与各自的BATNA有关，即卖方目标与买方的BATNA相关，买方的目标与卖方的BATNA相关。让我们先来看看下面这两张图，如图4-3、图4-4所示：

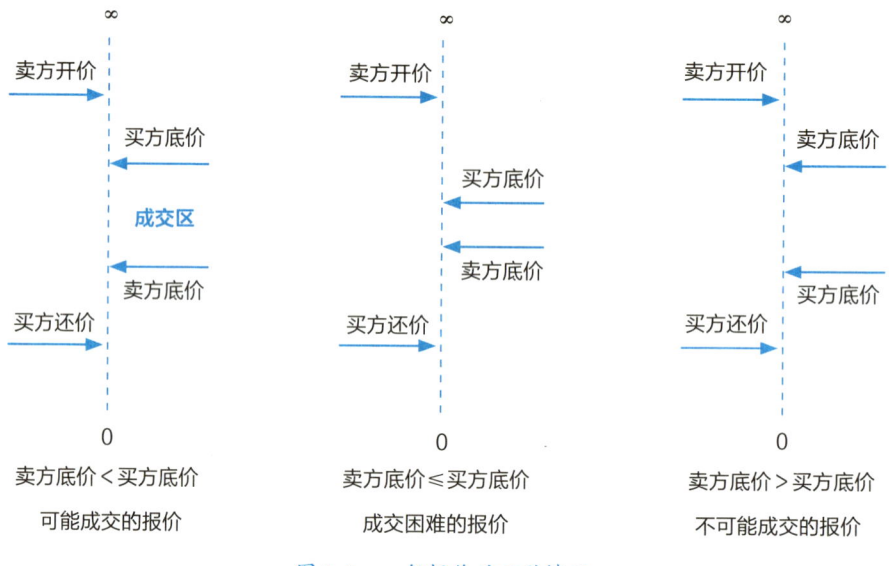

图4-3　一般报价的三种情况

如图4-3所示，只有当卖方底价小于等于买方底价时才可能成交，两者越接近越难成交。

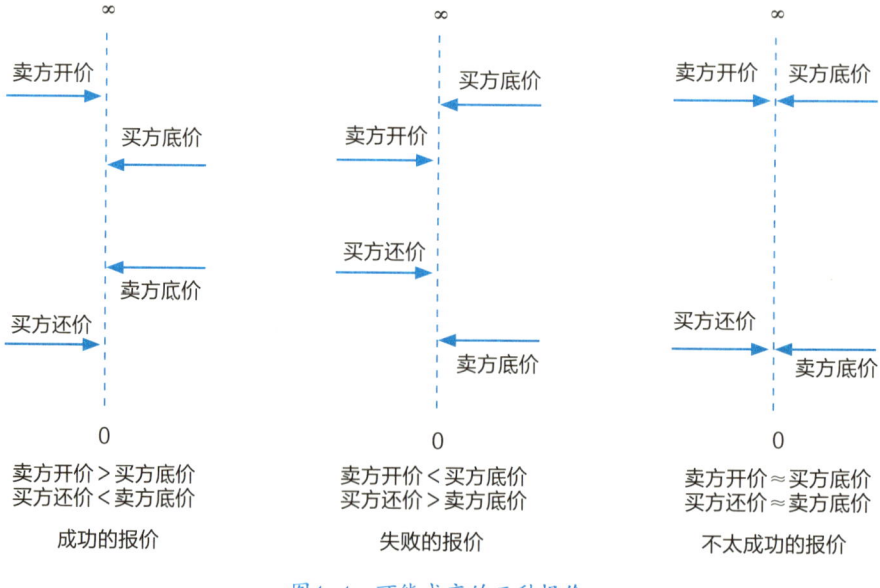

图4-4　可能成交的三种报价

如图4-4所示，如果卖方开价就小于买方底价，那说明卖方把目标定得太低了。如果买方还价小于卖方底价，则说明买方目标过低。关注对方的BATNA，可以有效避免此类情况的发生。

现在，我就举一个围绕价格来进行谈判的例子进行说明。

假设卖方的底价是1 000元，但买方最多只肯出900元进行购买，那么对于卖方来说这笔生意就没有谈下去的必要了，除非买方所出的价格高于1 000元，否则肯定无法成交，只会浪费彼此的时间。

反之，如果买方愿意出1 200元，但卖方却想着至少卖1 500元，双方同样很难达成一致意见。所以，这笔交易中，商品的售价应该在1 000～1 200元，这样双方就能达成交易。

在谈判中，如果双方已经确定了各自的BATNA，那么ZOPA也就随之产生了，如果没有交集，那ZOPA即为0或负数，是无法成交的。

双方对于估价如果没有经过深思熟虑的话，那么在谈判的过程中需要顺势做一些调整，以便谈判可以进行下去。相反，如果双方的估价是经过仔细考虑的，那么谈判双方就没有必要再继续谈下去了。

所以，无论哪种谈判，如果双方所持的BATNA毫无交集可言，那么我将不建议他们继续谈判下去，因为一旦谈判达成，这对于双方来说都是弊大于利（谈判结果的收益小于BATNA），既然是这样，不如及早放弃。

● 练习题

图4-5中，1~6分别与右边的六项如何对应（5、4、2、6分别对应一个点；1、3、7对应一个区间范围）？

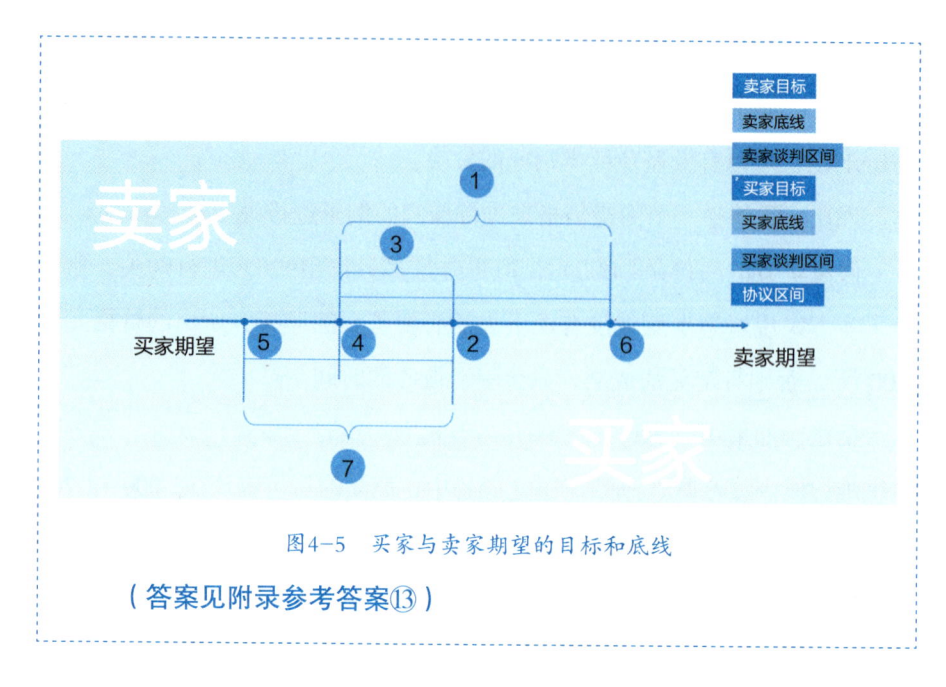

图4-5 买家与卖家期望的目标和底线

（答案见附录参考答案⑬）

谈判筹码

谈判筹码，就是能够影响谈判结果的任何资源或者策略。

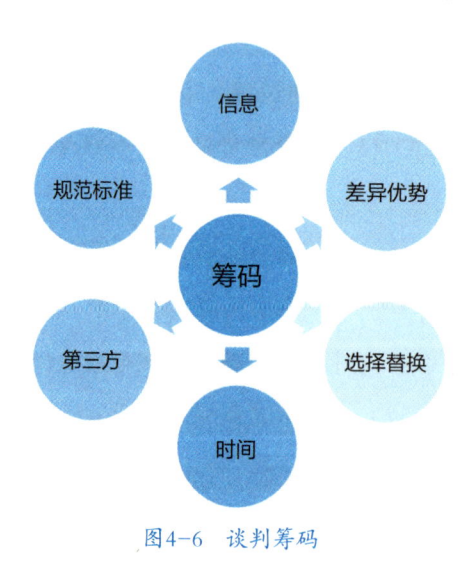

谈判筹码也叫谈判中的优势，它可以让你在谈判前充满信心，提升自我能量，当我们内心自信强大时，我们会更有说服力，推进谈判成功，谈判筹码在谈判过程中是动态变化的。

在谈判前要找到以下六种筹码：信息、差异优势、选择替换、时间、第三方、规范标准（如图4-6所示）。

图4-6 谈判筹码

（一）信息

谈判的胜负取决于你所收集到的信息量，要考虑到一旦谈判破裂，对方将会采取怎样的行动。要想准确把握住对方的BATNA，就要做到"建立信任、多聆听、想对策"。谈判80%的成功来自前期的准备工作，一旦谈判开始，你的BATNA将无法改变，所以一定要提前做好准备，收集更多的信息。而能收集到更多真实、有效信息的前提是建立信任关系、有收集信息的意识、学会聆听和想对策。

1. 建立信任

在前面的喜好原则中我们已经提到过喜好原则的五大影响要素，这也是赢得对方信任的重要要素。人们只喜欢和自己喜欢的人打交道，所以赢得信任是第一步。人们要建立关系就必须互相信任，良好的关系通常意味着谈判的成功。

在不同的关系面前，人们的表现是不同的。

谈判中的关系大致可分为三种，一种是与朋友或家人的谈判，我们称为"私人关系"；一种是工作关系中的谈判，我们称为"商业关系"；还有一种是生活与工作交织在一起的，我们称为"中间关系"。在各种关系中，都有其可遵守的准则。

- 私人关系中的谈判。

在面对私人关系中的谈判时，人们害怕出现矛盾，人们有这种害怕的心理是因为他们认为矛盾不利于谈判，和亲近的人之间不应出现矛盾，所以很多时候保持着和谐一致的假象，这意味着谈判中的个人偏好、利益和信念方面的差异都将时常被忽略或被掩藏。朋友和家人之间需要有一种方式使别人知道自己的偏好，了解各自偏好的异同，这样才能利用它们达到双赢的结果。

我的一位朋友向我描述了一次特别的经历。

在7月的某天下午，天气异常炎热，高达39度，而且受沙尘暴的影响，能明显感觉到住宅之间的尘土被风吹得四处飞扬。虽然如此，家里开着的空调和刚冲泡好的冰柠檬汁，还有一些娱乐设施，让人觉得待在那里玩玩纸牌或聊聊天也是一个不错的选择。就在这时，朋友的公公突然说："我们开车去之前一直提到的那家餐厅吃饭，如何？"

朋友心想："什么？去那里吗？有50公里的距离，而且车的空调还坏了。"

朋友的丈夫插嘴道："这是个不错的主意，我很喜欢。怎么样，老婆？"由于我朋友的偏好与其他人显然不同，但她还是勉强地回答道："对我来说还行，我只是希望妈妈也能喜欢。"

"我当然喜欢去了。"朋友的婆婆说道，"我很久没去外面的餐厅吃过饭了。"

于是，一家人上了车，向50公里外的餐厅出发。正如我朋友所料，天气酷热难耐，狭小的空间让车内的温度显得比外面还高。一路上大家口干舌燥地都不想说话。抵达那家餐厅时，大家都已经大汗淋漓，匆匆点了几个菜，吃完饭便打算打道回府了。

三个小时，来回100公里。回到家，几个人早已筋疲力尽，坐在空调屋里沉默了好久。过了一会儿，我朋友打破了沉默说："这是一次令人愉快的体验，不是吗？"

没有人说话。最后，婆婆有些烦躁地说："说实话，我并不想去，宁愿待在家里。我去是因为你们三个都很有兴趣。如果你们不勉强我，我是不会去的。"

听到婆婆这么说，我朋友都惊呆了。"你们什么意思？"她说，"别把我和你们放在一起。我对这次活动并不感兴趣。只是想满足你们的要求，都是你们不好。"

朋友的丈夫很吃惊："不是我的错，是你们三个想去的。我只是想听从大家的意见，让你们开心。这样热的天气，我都要疯了。"

朋友的公公突然插嘴说："天哪！"

他继续补充说："听着，我也不想去，我只是认为这么热的天，大家在家都可能会比较烦闷，而且你们也很少出去旅行，所以我想让大家出去吃个饭开心一下。早知道大家都不愿意去的话，我还不如自己在家玩玩游戏、打打牌来得痛快。"

互相指责后，他们又陷入了沉默。四个理智健全的人，驱车100公里来回，吃了一顿并不可口的饭菜，而实际上没有人想去。更准确地说，他们做了一件事与愿违的事情。

在面对私人关系时，我们要敢于说出自己内心的真实想法，避免因为不好意思而错失双赢的机会。

在私人关系中，人们很难讨论金钱问题，也不争取收益最大化。但效用最大化并不只意味着收益最大化，这一点非常重要。人们在关系中有六种可以变换的资源（如图4-7所示），帮助我们达成效用最大化：情感、金钱、服务、商品、地位和信息。

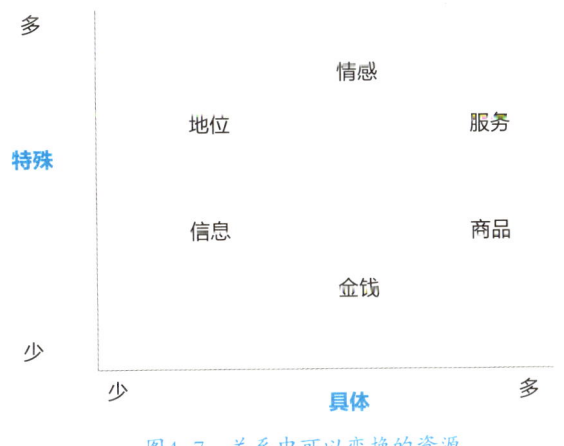

图4-7 关系中可以变换的资源

- 商业关系中的谈判。

大多数人会认为在商业领域进行谈判是很正常的。商业谈判通常是围绕着地位和等级开展的，如明显的职务差异或者是不明显的薪水、办公空间等。在商业谈判中，我们必须与我们不喜欢甚至讨厌的人打交道，对人们来说，把他们对某人的感觉与眼前的合作分开是很困难的，这意味着我们需要在较少的信息下，快速与对方建立信任，赢得好感。

- 中间关系中的谈判。

这种关系为基础的谈判的好处是有信任的基础和互惠的期望，方便了商业交换的特性，让谈判更顺利。缺点是如果人们不愿意超越他们的关系网的话，可能会造成目光短浅，极端的情况是，在一个小圈子里，只跟自己的朋友合作。如果这个小圈子里的人的观点偏颇，而你又不跟圈子以外拥有更多资源的人接触，最终可能导致自己错失更好的合作机会。

信任建立也有三种不同的方式，分别是威慑基础的信任、了解基础的信任和认同基础的信任。

威慑基础的信任，是指基于行为的一致性原理，人们会按承诺过的做，通过威胁对方或让对方承诺如不遵守诺言（或保持行为的一致性）就自负后果的方式得以维持。大多数采用的承担结果方式是惩罚、制裁、鼓励、奖励、法律或其他。在商业社会里，通常是通过合约的方式实现，在企业内部是靠规章制度来制约。

了解基础的信任，是基于行为的可预见性，当一方对另一方有足够的了解，并能预见他们的行为时，这种信任就产生了。比如橡胶市场交易时，卖方知道橡胶的质量，但买方只能在几个月后才能确定，所以一般双方之间会建立长期的合作关系，除了经济依赖外，人们从情感上也会依赖于某种关系。在信息不对称的市场中，一旦谈判者与他们认为值得信任的人合作，他们会忠实于这段关系，即使有时候可以与其他人可能达成收益更大的交易。

认同基础的信任，是基于完全赞同对方的要求和意图之上的。在这种关系体系中，双方会相互理解、赞同、同情并且接受对方的价值观，因此产生了信任，他们的行为都是为对方着想的。认同基础的信任意味着对方接受了你自己的偏好。这种信任关系比前两种更稳定。

表4-4中列出了三种关系类型（个人、商业和中间关系）以及三种信任类型（威慑基础、了解基础、认同基础）。不同类型的关系和信任相互交织，产生了不同类型和特点的相互作用。

表4-4 信任类型与关系类型

信任	个人关系	商业关系	中间关系
威慑基础	缺乏信任 事实协议 监督	使用威胁、惩罚和制裁 监督	使用威胁、惩罚和制裁
了解基础	对于对方的体谅	关注对方 评价对方的需要	理解和欣赏对方
认同基础	对对方真正的同情 为对方的幸福投资	选择适合公司的文化和价值的员工 重新构建来服务对方	同情 社会认同的发展

2. 收集信息

我们经常误以为自己了解了所有信息，而不愿意多问一句"为什么"。

在某一个风雨交加的下班高峰期，因为客户临时有急事需要我立即赶到。然而，各网络平台根本打不到车。于是，我决定直接下楼走到路边碰碰运气。这时，路口慢慢驶来一辆空车，但是车顶的"空车"灯并未打开，我跑到车前询问，司机冲我摇了摇手，我问司机为何拒载，司机说他现在正准备下班回家。可是我仍不死心，我问道："如果我们去同一个地方，你愿意载我一程吗？"结果，我发现我们的目的地之间距离不远。于是，我顺利地搭上这辆车抵达了目的地，而司机也在没有改变计划的情况下挣到了这笔额外的收入。

真正的信息其实就隐藏在"为什么"的背后。

- 多问一句"为什么"

南方某大品牌公司A向东部某小规模原料供应商B采购配料。A公司承诺以一个不错的价格和大到令B惊讶的采购量为条件，交换B厂的独家供货权。结果，B竟然不愿意接受独家供货的要求。现实是，B几乎不可能再找到这么优质的客户，而A公司也不愿意冒险生产这种竞争对手也可能获得该配料的产品，双方的谈判随时可能破裂。不得已之下，A公司请了一位谈判专家与B厂老板谈判，最终，谈判专家在几乎没有做任何实质性让步的情况下，仅仅在几分钟的时间内，就达成了协议。他是怎么做到的？

因为谈判专家问了三个字："为什么？"

在此之前，A公司认为B厂之所以不同意的原因无外乎想抬高价格和增加采购量（一年1 000吨），所以他们不断地在这两个条款上让步，结果对方还是坚守自己的立场不肯让步，这让A公司很恼火，一度认为对方没有合作的诚意，谈判已经到了破裂的边缘。但实际上，对方真的在乎这个吗？原来，B厂老板在早期与自己的亲戚签订了一份协议，协议约定B厂每年需要供货给对方250斤该原料，他不想食言，仅此而已。在掌握了这个信息后，谈判专家提出了一个能帮助双方快速签约的方案，即A公司同意B厂每年供应给亲戚250斤该原料，B公司承诺对A厂的独家供货权。

为什么谈判双方常常不能达成最佳协议，是因为协议基于的假设本身就是错误的，那我们可不可以多问一句"为什么"，以了解背后真实的原因再谈呢？

- 信息的背后是需求。

我的朋友是某建筑公司的老板，他非常想拿下他们县城某开发商的工程总包项目，一开始的谈判进展都顺利，可就在签约前，开发商突然提出要在合同中增加一个条款：如果工程不能如约完成，按拖延的时间支付金额不等的违约金。我的这位朋友对突然增加的要求大为不满，他认为这是对方在使用谈判伎俩压榨他。他权衡了一下自己可能的选择共有三个：一是接受对方的要求，结束谈判，完成交易；二是拒绝对方要求，谈判破裂；三是尝试降低违约金。后来，他找到我，希望我帮他出出主意。我问他："开发商特别要增加这一条，说明了什么？"他顿时茅塞顿开，这不正说明开发商在意工程完工时间吗？希望工程按时（甚至提前）完工。结果，他没有和开发商再纠结这个条款，而是提议增加一条：如工程提前完工，按提前完成的时间，对方须向建筑公司支付金额不等的奖励。当然，他事先已经评估过这个工程提前完工的可行性方案，对拿到奖励充满信心。

当对方提出要求时，我们一般很容易产生防御心理，即如何合理拒绝这个要求。谈判高手思考的则是："我能从这个要求中了解到什么信息？从中能看到对方的什么需求？我如何使用这些信息来创造并获得价值？"

- 从信息中找筹码。

H公司是某肉食品加工商，业绩良好，其CEO正在与新兴的猪肉供应商W公司就采购和送货问题进行谈判。双方的谈判聚焦在价格和交货期。H公司希望W公司降低售价并尽快送货。但出人意料的是，W公司竟然开出了高价，并要求延长交货时间。基于市场参考价格，双方协商将这笔谈判的金额定在210万元，交货期限为一个月，而且W公司对交货期仍有担心，并说："我们成本不低，但我们尽力在一个月内交付。"H公司的CEO意识到如果交货期限拖延，将可能错过肉食品销售旺季，将面临大概20%的损失，于是表示如有延期，价格必须相应下调20%。W公司回应说："我理解您的要求，但是这个砍价幅度我们无法承受。"H公司做了一些努力，希望通过利益交换达成共识，但是对方仍然表示不能接受，眼看谈判就要破裂，H公司打算在放弃前做最后的尝试。

H公司CEO问道："我们没料到一个月的交货期会给贵司造成困扰，我们原本以为你们可以在更短的时间内供货。您是否介意告诉我更多你们的流程工序的信息？这样我们可以更好地理解你们的困难，看看有什么可以做的。"

W公司回答道："其实提供猪肉这本身没问题，我们的养殖场的供应量是足够的，问题在运费上。因为我们需要提前通知物流公司，如果只提前那么短的时间的话，运费将变得非常高。"

H公司CEO听到这个信息时，他找到了双方合作的可能性。如果问题出在养殖场的供应量上，可能他确实无计可施。但如果是运输的问题，那么H公司可以帮助W公司来解决。由于H公司长年需要大量的冷链运输，所以他们与物流公司签订了非常好的合作协议，大概仅为W公司支付的运费的一半。

H公司CEO提出了以下方案，对方很快就接受了。

H公司用自己的运输商在一个月内提货；

W公司支付给H公司运费的成本价；

W公司将合作价从210万元降到200万元。

这个案例告诉我们，如果我们把对方的问题视为与己无关，你可能会丢掉谈判的筹码。H公司的绝佳表现也在于愿意倾听和解决对方的问题，帮助对方也可能是正在帮助我们自己。

- "为什么不"和"为什么"同样重要。

多年前，当我还是一名销售顾问的时候，我丢了一个大单，心情非常沮丧，但我仍想从这个案例中学到些什么，于是我打电话给客户，告诉他我非常尊重他的选择，但仍希望他最后能帮我一个忙。他说："好的，如果帮得上的话。"我解释说："如果您能告诉我，我的最终报价失败的原因的话，我将会非常感谢。您的信息将会帮助我日后改进我的产品和服务。"客户最后的回复让我感到非常意外，我发现我一直以来应对客户的策略都是基于一个错误的假设，那就是客户很在意价格。在我的最终报价中，为了尽量降低价格，我去掉了一些附加的服务和降低了某些服务的标准，而我的竞争对手虽然报价比我高不少，但他们的方案中包括了客户最看中的服务内容，交付标准甚至在客户要求之上。在听完客户的解释后，我衷心地感谢了客户的热情，同时我发现我们公司不仅可以全部满足，某些方面甚至远超竞争对手，我向客户解释说我错误地理解了他的想法，是否可以允许我重新提交一份修改过的方案书呢？客户给出了肯定的答复。一周后，我拿到了这份合同。

我想说的是，要么成功，要么拿回"为什么不"，而不要简单地以失败结束一次谈判。如果我们发现在解决客户的问题时，我们的确无法满足客户或者竞争对手的确可以比我们做得更好，不要轻易退出谈判，搞明白"为什么不"和"为什么"一样重要。

3. 多聆听、想对策

在谈判中掌握主动权的不是说得多的，而是擅于提问和倾听的人。请耐心倾听对方的每一句话，再认真分析对方此时的利害关系发生了哪些变化，把注意力放在对方身上。

收集对方信息时，遇到对方不愿意透露怎么办？这正好可以作为你交易的条件之一。比如，你要买一辆车，希望对方拿出车辆维修记录卡，但对方说不方便提供，车子肯定没问题，你试驾后感觉车况的确不错，但心里还是有些担心，接下来你该怎么办呢？最好的办法就是让对方签订一份保证书，如果未来发现发动机有过大修或者更换记录的话，你有追诉权，以此也可验证对方所说是否属实。

同时，在收集更多的对方信息时，并不意味着一点都不透露你的信息，但透露到什么程度，需要你自己思考和把握。比如，你和公司谈涨薪，如果一点不让公司知道你可能的选择，也许公司会给你一个较低的薪酬，一旦公司给你的薪酬与你的BATNA相差太大，你决定离开时，也会让公司措手不及，不如提前告知公司你可能的选择，但如果希望留下来继续好好工作，也要表现出自己的诚意。有时候，明明你的BATNA很好，却需要让对方认为它很差；有时候，明明你的BATNA很差，却需要让对方感觉它非常好。比如，打牌的时候，明明你手里的牌很好，却故意让对方误认为你的牌很差，从而获得最后的胜利；你希望继续和对方合作，有时就需要暂时隐藏对方竞争对手给你开出的高条件，以免对方产生误会，失去对你的信任，从而中止合作，这反过来会让你陷入不得不与对方竞争对手合作的不利中。与真正的BATNA好坏相比，对方如何认为才是最重要的。

（二）差异优势

差异优势是指你和竞争对手不一样的优势，最好具有独特性。难的不是我们没有差异优势，而是我们如何呈现优势。

图4-8、图4-9展示了"优势"和"差异优势"的区别。

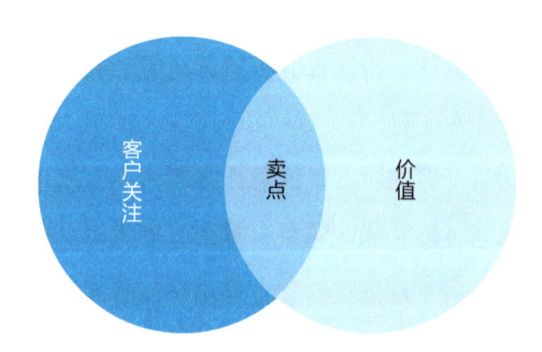

图4-8 优势（卖点）

第 4 招
做好谈判准备

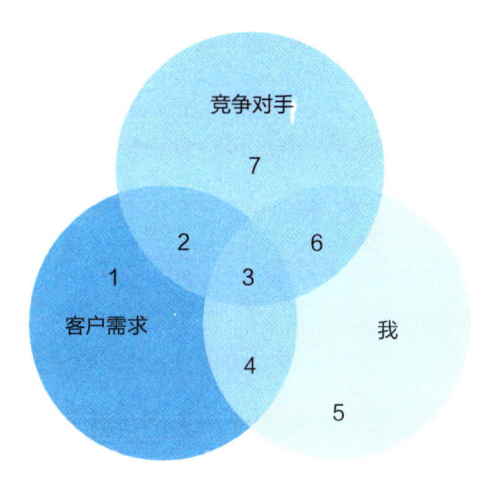

图4-9 差异优势

> **思考题**
>
> 如果你只有一次展示优势的机会，在图4-9的1～7中（1～4指客户需求，2、3、6、7指竞争对手可以做到的，3、4、5、6指你可以做到的），你会展示哪个呢？
>
> 思考时间：5分钟

答案应该是4。5、6虽然是你独有的，但客户也不需要，一定是既要针对客户的需求，又要是竞争对手没有的，才是你的差异优势，所以答案是4。我们往往不需要展示太多优势，有时只需要展示差异优势就已经可以打动客户了。

（三）不可替代性

我们常说的"可替代性"是指为自己创建更多选择。当对方找不到可替代你的方案，而你又为自己创建了更多选择时（即对方不是你的唯一选择），你的优势就将变大。

> ● 思考题
>
> 　　某电厂需要大量的煤矿，但从你的煤厂到对方的电厂只有一条铁路，铁路公司每年向你收取高额的运费，因为对方知道你没有第二选择，如果是你会怎么做呢？
>
> 　　思考时间：5分钟

　　这是一个真实的故事。你作为煤矿公司的负责人与铁路公司谈判，对方的高层总是对你的诉求一笑了之，因为你没有任何谈判筹码。于是，你打算花巨资修建一段铁路，铁路的尽头是另一家铁路公司的地盘，这样你就有了其他选择。虽然，这段铁路造价上亿，但是两年后可以收回全部投资成本，而且每年收益都达到投资额的200%，这段铁路就是有名的"珍妮铁路"。

（四）时间

　　时间筹码指的是谈判双方谁更急迫，谁更希望尽快达成这笔交易，这是谈判中非常重要的一个筹码。有时谈判高手丢掉这个筹码也会导致谈判的"失败"（"失败"在这里不是指谈判破裂，而是指没有拿到最佳的谈判条件）。

　　东方航空公司（Eastern Airlines）总裁弗兰克·博尔曼曾经促成过一笔具有创新意义的借款交易。

　　这家大航空公司因为近期的资产收购大举借款，无力购买新的大型喷气式客机，美国最大的两家飞机制造商（波音和麦道公司）也对这个穷光蛋客户不感兴趣。几个月后的一天，弗兰克·博尔曼突然向全公司骄傲地宣布，公司将获得50架最新的大型喷气式客机，这笔交易额接近10亿美元。

他是怎么做到的呢？

原来，当时世界第三大飞机制造商是欧洲的空客集团，这家公司一年内没有售出一架飞机，而该公司领导人认为美国是全世界最重要的市场，他们急于在美国卖出自己的第一架飞机！在弗兰克表示出合作意向后，双方排除万难，联合一家美国银行、两家法国银行、通用电气及空客自己为东方航空提供借款，达成了这笔交易。

交易成功的秘诀，就是卖家比买家更急迫，从而让买家获得了谈判筹码。

（五）第三方

当谈判陷入僵局时，你可以考虑使用"第三方"这个筹码，这个第三方最好具备以下几个条件：

- 双方都信任的；
- 双方都认为公平的（至少对方认为公平）；
- 专业的；
- 有较强的沟通能力的。

使用"第三方"有以下几个好处：

- 利用第三方的专业知识；
- 用第三方挽救关系。有时，我们认为完美合理的提议，却冒犯了对方，当这种情况发生时（特别是你的对手也是情绪类型的话），可能导致谈判的失败。如果有一个第三方就可以挽救双方的关系，给自己留面子，也给对方下台阶的机会。
- 缓和情绪，特别是当双方都是不理性类型时。

（六）规范和标准

某天飞机晚点，凌晨五点，我走进一家麦当劳餐厅，但是服务员告诉我还未开始营业，我手指着门口24小时营业的标语说："这不是你们自己的承诺吗？"服务员沉默了几秒，开始为我准备早餐。

我想说，这就是规范和标准的力量，特别是用对方自己制定或认可的标准来约束他，很有用。

我们还可以寻找一些公认的规范和标准，先让对方认可，然后再把我们的要求放到这条规范和标准下面，将更具有可信度和说服力。

谈判筹码的使用有两种方式。

1. 正向筹码和负向筹码

正向筹码：能够带来好处的筹码，也叫利诱性筹码。

负向筹码：威胁性筹码。如果不合作，会损害对方的某些利益。

通常，我们会组合正向和负向筹码，通常叫威逼利诱。

2. 既定筹码和创造性筹码

既定筹码：简称固码，就是已经固定的筹码。

创造性筹码：简称创码，可以通过创造的方式来增加双方收益。

通常，我们会多维度组合既定筹码来谈判，同时，也要考虑创造性筹码的可能，更多的双赢结果是因为馅饼变大了。

● 小结

1. 要尽量储备多个备选项。
2. 谈判的区间，取决于双方的BATNA。
3. 谈判的胜负关键，在于你掌握的信息量。
4. 认真聆听对方的想法，提出合理建议。
5. 寻找谈判六大筹码：信息、差异优势、选择替换、时间、第三方、规范标准。

制定谈判策略　第5招

第 5 招
制定谈判策略

双赢的含义

> ● 思考题
>
> **角色：买家**
>
> 你是个投资商，你想在某个海边投资建造一个大型的度假村。你已经悄悄买下了许多沿海的地皮，但是有一幢别墅在你的度假村规划区内，因为该房的房主一直在外地，所以半年内一直未能找到他。
>
> 今天，终于有个房屋中介告诉你一个好消息，这个房主要卖房子。根据当前二手房市场的行情，这套房子800万元应该可以拿下。
>
> 你希望先付10%定金，待房地产产权证明交接后（办手续要等待3个月）再付90%。
>
> 现在眼看着沿海的房地产价格越来越高，度假村又迟迟不能动工，购买已有的地皮已经占用了你很多的资金，每一天的拖延都会造成你的损失，这让你很着急。如果能多花点钱成交，你也愿意。
>
> 今天，房屋中介将带你去和那幢别墅的房主谈别墅买卖的事宜。为了避免被要挟，你不想公布你的真实身份。
>
> 如果卖家提出1 300万元的报价，你将如何应对？

你准备怎么谈呢？你的目标与底线分别是什么？你的谈判策略是怎样的？

思考时间：10分钟

请思考后再查阅下面"卖家"的情况，评估你的谈判方案。

> **角色：卖家**
>
> 你是个生意人，十年前在某海边有一所独立的度假别墅，这所房子紧靠海边，风景非常美丽。之前你一直以此为豪，经常邀请你的朋友前来度假。
>
> 但是最近出现了一些麻烦事，你的生意出现了问题，现在你的资金缺口有1 000万元，你认为如果能将该别墅迅速出手，则可以马上解决资金缺口问题。为了让房子看上去还很新，你花了50万元将其装修一新。
>
> 在买房时，你精心挑选了价值100万元的意大利古典风格的原木家具，这些家具你带不走，希望也将这些家具推销给买家。
>
> 现金流对于你现在的生意非常重要，所以你希望马上能拿到成交款。
>
> 这一天，房屋中介带来一位买家来到你的别墅，你希望与他谈成这次别墅买卖。

看完卖家的情况后，你有什么启发吗？

究竟什么是双赢？

双赢不是妥协（各让一步）或者平均分配；

"赢的感觉"可以让双方感觉是双赢，但不一定是真正双赢；

创建良好的合作关系，并不意味着在创造性地思考和精心筹划双赢交易，很多时候关系型谈判从未达成双赢的结果。

双赢谈判的真正含义是所有创造性机会得到充分的发掘和利用，没有任何资源闲置（最理想的情况）。

图5-1所示的金字塔模型描述了谈判的三个层级。理想的情况是，谈判者应当努力达成第三层级。达到更高的级别，对谈判者来说难度更大，但是创造的利润也将更多。

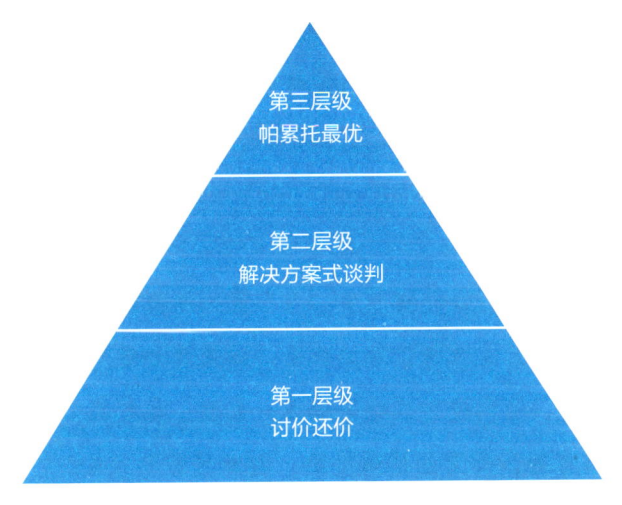

图5-1 谈判的金字塔模型

第一层级谈判，优于未达成协议或刚好达到底线BATNA。在第一层级谈判，我们会积极地讨价还价，但是多半会基于同一维度进行谈判，所以是零和谈判。零和谈判的结果是指一方的所得正是另一方的所失，谈判双方的收益总和为零，整个社会的利益并不会因此而增加。比如，买卖双方就价格的单维度进行谈判，就是零和谈判。

第二层级谈判，说明你充分了解了对方的需求，并能够在多维度进行谈判，最终解决分歧。这种综合性解决方案明显优于多个单维度解决方案，不再是零和结果。比如，我们除了价格分歧，是不是还有其他分歧，如交货周期、付款条件、附加服务等，我们把双方所有的分歧放在一起出一个解决方案，充分考虑到双方的需求及需求的排序，这样的谈判结果明显优于第一层级的结果。

第三层级谈判，是指依据协议的帕雷托最优界限而订立的协议，即不存在其他能够改进一方同时不损害另一方的协议，也就是双方收益值最大的协议，这是第二层级的最佳结果。

帕累托最优也称为帕累托效率（Pareto Efficiency）、帕累托改善，是博弈论中的重要概念，并且在经济学、工程学和社会科学中有着广泛的应用。帕累托最优是指资源分配的一种理想状态，假定固有的一群人和可分配的资源，从一种分配状态到另一种状态的变化中，在没有使任何人境况变坏的前提下，使得至少一个人变得更好，这就是帕累托改进或帕累托最优。

在原始社会，人们靠狩猎为生。为了使问题简化，设想村庄里只有两个猎人，主要猎物只有两种：鹿和兔子。如果两个猎人齐心合力，忠实地守着自己的岗位，他们就可以共同捕得一头鹿。要是两个猎人各自行动，仅凭一个人的力量，是无法捕到鹿的，但却可以抓住4只兔子。从能够填饱肚子的角度来看，4只兔子可以供一个人吃4天；1只鹿可供两个人吃10天。对于两位猎人来说，他们的行为决策就成为这样的博弈形式：要么分别打兔子，每人得4；要么合作，每人得10。如果一人去抓兔子，另一个人去打鹿，则前者收益为4，而后者收益为0。在这场博弈中，要么两人分别打兔子，每人吃饱4天；要么大家合作，每人吃饱10天，这就是这个博弈的两个结局。两人合作就是当下的帕累托最优。

达成第三层级的协议听上去很容易，但根据一项研究结果发现，只有不到25%的谈判者能达到第三层级协议，而他们中的50%是侥幸完成的。

想要达成双赢谈判，必须满足以下条件的一个或多个。

（一）分歧点涉及一个以上

如果仅针对一个分歧点谈判，就属于图5-1中的第一层级的零和谈判，无法获得结果的双赢，因为你若得到我必失去。只有当分歧点大于一个时，才有可能在利益上创造出双赢的局面。

（二）其他分歧点需要一起提出，以便制定整体的解决方案

例如，你应聘一家公司，HR会问你希望的薪水，你表示过去公司的薪水很高，但是加班时间过长，福利保障不佳，这也是你换工作的原因之一。基于此，HR坦诚地表示公司在薪水方面的确达不到你过去的水平，但在年假、福利和加班时间方面有优势，同时还会考虑优秀员工的股权激励等其他条件，希望你做综合考虑，是否也可能打动你呢？但如果双方仅就薪水一项谈判，估计很难达成共识。

（三）能达成附加交易

在很多情况下，如果馅饼大小固定，人们需要极其谨慎不要达成附加交易或支付附加成本。但如果我们有能力促成与他人进行附加交易，很有可能会让馅饼变大。馅饼就是指双方利益的总和，在不损害任一方利益的情况下变大馅饼，就是在将谈判往第二层级方向推进了。

（四）谈判双方或多方在每个分歧点上有不同的偏好

如果谈判各方在各分歧点上有不同偏好，才有可能达成双赢谈判。各方应该关注对方的偏好并设计出满足各方最重要利益的方案，同时促使各方在各自次要问题上做出让步。

对于房客来说，一般租金是最重要的考虑因素，但他也会考虑房子的

配套设施、租期的稳定性和房东服务的及时性等。对于房东来说，租金虽然重要，但更在意的是租客对房子的保护程度（这可能和个人素质相关），也会考虑租客的稳定性等。由于在不同分歧点上双方的排序不同，这为达成双赢谈判创造了可能。比如，房东会考虑将房子租给素质更高的租客，在遇到这样的租客时，房东会愿意降低一点租金促成交易。

促成双赢谈判的有用策略

（一）同时做多项提议

在高度不信任和不友好的关系当中，你试图提供或寻找信息的努力可能会无效，有一种方法是在即使面对最不合作的谈判者也会生效，那就是同时作出多项提议。这种策略指的是向对方提供至少两种（最好多种）具有同等价值的提议。这个策略有三个步骤。

- 努力寻找谈判中所有可谈判项，尽量避免单一维度的谈判，否则很难有双赢的结果。
- 提前准备好对你来说有同等价值的所有提议，这样就可以在做出让步前用其他提议来等值替换条件，而不用直接让步。
- 一次性提出所有的提议。对很多人来说也许很难做到，因为他们已经习惯了像打乒乓球一样，等到对方的回应后再做出反应。这种每次提出一个提议等待对方回应的方式，不利于我们从对方的不同反应中了解到对方需求的偏好，也就是所有分歧项在他心目中的排序。同时提出多项提议的好处也有心理上的优势，当人们认为自己有更多选择时，他们更愿意顺从，从而让谈判顺利推进。

（二）签订相机合同

相机合同的适用情境：谈判各方由于价值观、期望值、风险预估、时间偏好以及能力等不同，对于事件的未来结果会有不同的预判，而谈判各方就不确定结果愿意签订产生确定的利益分配方式的合约。

相机合同的三大好处：

- 当谈判者对未来预测有偏见和差异时，不用再争论，可以用打赌的方式推进谈判继续向前；
  - 可以诊断对方的诚实度，让信息缺失的一方保护自己的权益；
  - 用分担风险来降低风险，增进双方关系。

1969年，美国司法部提交了一个反对IBM垄断行为的诉讼。最终这个案件持续了13年之久，最后不了了之。如果双方能够在当初使用相机合同，也许结果将完全不同，不用耗费双方如此大的精力，对未来不确定的事件上争论不休。13年当中，一共大约记录了6 500万页的文档，各方都支付了数百万美金的法律费用。最终，1982年美国司法部放弃了这个案件。

IBM公司和政府就他们对未来事件预测的差异，一直在争论。IBM公司认为，在高利润的计算机市场上，竞争会日益激烈，他们所占的市场份额会逐年递减。而政府坚持认为，在可预测的计算机市场上，IBM公司作为巨头将会继续持有相当大的市场份额。双方都认为对方的预测是错误的，所以都没有妥协。

如果双方签订了相机合同，那么他们可以怎么约定呢？到了1975年，IBM公司如果仍然持有70%以上的市场份额（也就是1969年的市场份额），就要缴纳一定的罚金并减小经营规模；如果所占市场份额减少到50%以下，政府就不再追究；如果所占市场份额减少到50%~70%，就采用另一种相机合同。

签订这样一份相机合同也许并不容易，有很多细节需要弄清楚，但是这样的合同将让双方损失更小，只要双方律师花几周时间讨论怎样建立一个相机合同就可以了，而不用花数年的时间整理提议，做出证明，查看档案。

（三）签订协议前协议

1997年，美国航空公司飞行员与航空公司进行谈判，如果谈判破裂，可能会导致航空公司每天2亿美元的损失。为了避免这样一场灾难，拉克斯和西本涅斯写了一封信给《华尔街日报》的编辑，建议用签订协议前协议的方式来避免这一情况的发生。他们说："一旦罢工的底线逼近，而谈判又不可避免地陷入僵局的话，各方都应该继续正常运转，但是要把一部分或者所有罢工者的薪水存入一个由可以信任的第三方所控制的契约账户中。"无论这个契约账户的资金最后会怎么分配，比起罢工来说，对各方都有好处，包括飞行员、股东、客户以及除飞行员外的航空公司员工来说，都产生了帕雷托最优的结果。

（四）签订协议后协议

如果短时间内无法产生更有创造性的方案，我们可以使用协议后协议的策略。协议后协议策略是指双方都同意先暂时执行当下的协议（初级），当有方案比现有协议让双方更满意，或者一方更满意而另一方无所谓时，就用新协议来代替老协议，现有方案将变成双方新的BATNA。新协议必须经双方一致同意，否则会重新启用最初的协议。协议后协议策略允许双方都展示他们的偏好，而不必害怕被暴露，因为他们可以安全地启用最初的协议，如果有更好的协议，双方将从一级进入二级或者三级协议，如果没有发现更好的协议，各方也可以认为他们目前的协议就是三级协议了。

谈判三阶段策略

谈判将分为铺垫谈判、解决分歧和达成协议三个阶段，每个阶段都有各自的策略。

假设你正驾车经过一个没有红绿灯的十字路口，你的余光注意到在你三点钟位置有另一辆车正在靠近这个路口，你会怎么做呢？大多数有经验的司机会放慢车速，判断情况。接下来，通过眼神的接触，希望能与对方沟通。当双方眼神接触后，一方的司机会向路口方向挥手示意让对方先行，也可能两位司机同时挥手。犹豫片刻之后，总会有一位司机先走，另一位紧随其后。刚才的过程，两位已经经历了一次谈判，而谈判的过程正是由这三个阶段组成的，即铺垫谈判（减速），解决分歧（眼神接触、信息交流、建议和讨价还价、挥手示意），达成协议（驾车通过）。

（一）铺垫谈判

1. 情境评估

在《7招打造超级销售力》一书中，我曾提到过四种谈判情境（如图5-2所示），你要先学习判断本次谈判属于哪种情境。

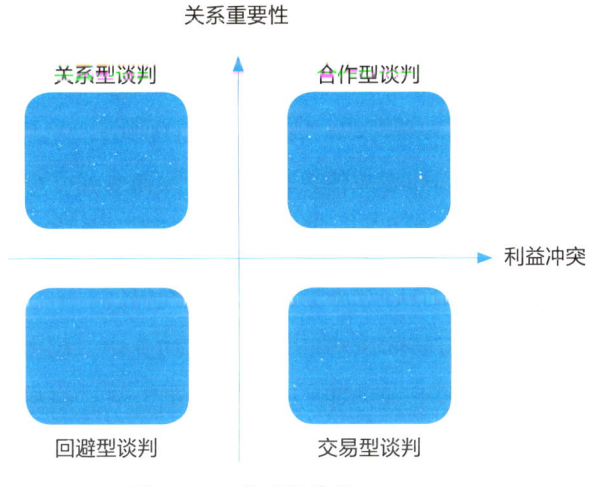

图5-2 四种谈判情境

2. 情境与风格的匹配

有关谈判风格的分类（回避、迁就、合作、竞争、妥协）详见本书第3招，此处不再赘述。

如果你能熟练应用各种策略，便能自如应对各种情境。如果这些策略让你感到生疏或别扭，你可以找一个合适的人帮助你，参与到你的策略准备过程。

乐于合作的人很善于参与到关系型或回避型谈判，因为这两类谈判类型，不包含重大的利益冲突。

喜欢竞争并善于讨价还价的人，更适合参加交易性谈判。这种谈判情境强调利益而轻视关系。

合作型谈判者对于谈判者的要求比较高，他既要乐于合作，又乐于竞争，又要有较丰富的想象力和创造力。这种类型的谈判者需要在坚持立场的同时，又不显得咄咄逼人，还需要有想象力和耐心，能够换位思考，充分的提问，以了解对方真实的需求和需求背后的动机，具有创造性且能更加全面地满足双方的需求。

同时，你也会注意到，尽管妥协策略在任何一种情境中都能发挥作用，但它通常都是第二或者第三选择。因此，妥协策略更适用于作为时间不够时帮助你完成谈判的工具，或者是另一种策略的补充，而不是最佳选择。

3. 选择合适的沟通方式，营造合适的氛围

面对面沟通是一种交流信息量最大的沟通方式，它可以为我们提供面部表情、肢体语言、语音语调等信息，同时也方便我们随时作出澄清和复述，更容易呈现出倾听的状态，赢得对方的信任。由于现在新媒体沟通方式的不断涌现以及疫情的影响等外部环境的变化，取代面对面沟通的方式可能是视频会议或是电话交流。视频交流的方式，可以通过语音、语调、语速表达信息，并可以通过语音、语调和语速的变化，对内容做相应的解

释。还有一种是电子沟通方式，比如电子邮件和即时信息（如微信、钉钉等）。这些沟通方式，排序越往后的，对人的要求越高。

见面沟通的信息传递维度大于电话沟通，电话沟通大于书面电子沟通，即时信息对人的要求最高，因为你几乎没有思考的时间，也很难通过单纯的文字信息，完整地了解对方想表达的全部意思。

从方便的角度考虑，它的顺序则是颠倒过来的。会面通常最难安排，电子邮件很方便，瞬间就可以把信息传送过去。这样，我们难免会更多地采用信息量最少的沟通方式，比如电子邮件，它也有以下几个好处：

- 当谈判双方相距很远，电子邮件沟通更方便；
- 有充裕的时间考虑自己的回复和对方的下一步行动；
- 可以建立关于沟通内容的清晰的记录，给每次沟通做备份；
- 轻松传送大量数据；
- 为不同资历和经验层次的谈判者划定谈判范围，打消谈判力弱的对手的顾虑；
- 能够迅速发送给更多的人。

然而，电子邮件这种沟通方式也存在着弊端。比如，第一，增大了陷入僵局的风险，因为它的沟通带宽最小；第二，容易草率地发送电子邮件；第三，谈判的延迟。综合考虑，建议沟通时最好采用多种沟通方式相结合的方式进行。如果只能采用电子邮件沟通的方式的话，那么你要在发送邮件之前多动脑筋、多思考。在情绪不佳的时候，先不要发送邮件，因为一旦发出，很难撤回。在整个谈判过程当中，你不能仅仅依靠电子邮件的方式进行沟通，每隔一段时间你要给你的谈判对手打个电话或发个视频，如果可能的话，同他见几次面。这些沟通方式可以帮你表达电子邮件无法传递的友善信息。

即时信息（Instant Messaging，IM）作为电子邮件的变体，在公司沟通和实时交流的应用中越来越普遍。它既有优点，也有缺点。它的缺点是根本不存在停顿时间，所以，你一定要在自己情绪稳定的时候，三思后再发出。研究发现，IM和电子邮件在谈判的应用中，竞争性谈判者更适合使用IM，因为竞争性谈判者往往更喜欢准备论据来论证自己的观点，所以他们的对手发现自己在IM连珠炮式的对话环境中无力应对，因此容易做出让步。简单说来，通过IM来谈判需要更加仔细谨慎，做更多的准备工作，以防出现情绪化问题。

（二）解决分歧

1. 交换双方信息

● 获取对方信息。

在这个阶段，我们需要获取有关对方利益、问题和认知的基本信息。

你可以提前准备一个提问清单，如果提问清单上所有的问题都能回答出来，说明我们的准备工作到位了。

哪些人参与谈判？

他们的谈判目的是什么？

他们关注什么？

他们准备怎么谈？

他们如何判断当前的谈判情境？

他们有决策权吗？

在双方交流信息的阶段，不用做任何让步。

谈判高手更关注接收信息，而普通的谈判者更关注传递信息。有一项针对英国谈判者的研究表明，谈判高手收集信息的行为占了全部被考察行为的38.5%，而普通谈判者该行为仅仅占到17.9%。研究发现，第一，谈判高手的提问次数是普通谈判者的两倍；第二，谈判高手会确保没有错误理解对方的回答，也就是他确认的提问会更多。比如："您说的高效是指在三天内完成吗？"；第三，谈判高手在谈判进入到后期的时候会总结前面达成的共识。比如："我来总结一下今天沟通的成果，我们已经同意×××，你们也已经同意×××，您看是这样吗？"。提问和倾听对于谈判者来说，都是非常重要的且需要终身修炼的能力。

为什么我们要如此强调收集信息的重要性？那是因为信息就是力量，就是筹码。

- 我方主动提供信息。

除了收集对方的信息外，谈判者还需要向对方提供有关自己利益的信息，也是很明智的，这么做就相当于告诉对方，你是很愿意分享信息的，表达了你的善意。根据心理学中的互惠原则，对方也将会更愿意分享自己的真实信息。

透露信息的谈判者并不会把自己置于战略上的劣势地位，更不会因此比自己的对手明显地获得更多或者更少的资源。认为谈判者不应该向对手提供信息的想法是错误的。如果谈判者不把自己的利益与对方进行交流的话，谈判是很难有进展的。如果你不提供信息，那么你的对手也不会。接下来重要的问题就不是是否要披露信息，而是要披露什么信息。你不必提供自己的目标和底线，但是你可以向对方阐述你的需求以及需求的排序，包括有哪些你是肯定不能让步的，而哪些是可谈的。

2. 表明期望和优势

在传达你的期望时，如果这个期望是负向的，我们尽量要做到"早据、明确和可信"。

在表明我们的优势时，认知比事实更重要，对手觉得你有优势比你真的有优势更重要。对手相信你有什么优势，那才是你真正的优势。可以在信息交换阶段向对方表明这些优势。

当我们处于强势时，我们要强调对方与我们合作能够给对方带来什么利益；当我们处于弱势时，我们要强调如果对方不与我们合作，他将失去什么，同时，还要强调未来的不确定性。

3. 合适时机开价

如果你对情况非常熟悉，包括我方和对方信息、市场环境、行业动态等，建议先开价。如果你只是一个新人，还是老老实实等着让对方先开价吧。

先开口，根据锚定原理，可以更好地控制对方的期望值；后开价，有助我方探听虚实，了解信息，根据情形还价。不过，后开价时要特别注意对方开价的合理性，以免被反锚定。

4. 不同情境的让步策略

在20世纪90年代早期，美国汽车经销商执行的"不讨价还价"政策以失败告终，大多数人还是更喜欢讨价还价后获得的满足感，不喜欢讨价还价者仅占到15%，远少于预测。有实验比较了三种让步策略：开价高，之后拒绝还价；开价合理，之后拒绝还价；开价高，然后逐渐让步，最后退至合适的位置。哪种最有效呢？最后一种策略被证实是最为成功，更多人赞成采用这种策略，因为采用第三种策略谈判，使人们对最终协议的满意度都要高于前两种。让步表明认可对方要求的合理性，表达了合作的意愿度。

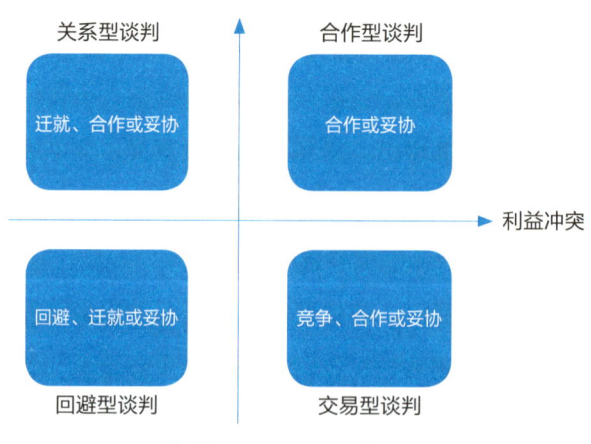

既然我们明白了为什么需要做出让步，那接下来我们再来看看四种不同的情境中的让步策略有什么区别（如图5-3所示）。以下所说的情境主要是指对方认为的情境，用对方喜欢的方式与对方沟通，是沟通中的白金法则。

图5-3 情境与风格的匹配策略

- 回避型谈判。

这种情境的谈判，谈不成，对于利益和关系的影响都不大，所以你可以采取回避（即放弃）或者迁就的让步策略。如果对方也选择了迁就策略，你们将陷入"相互让步"的僵局中，这时你可以选择接受对方的让步。

- 关系型谈判。

这种情境的谈判，关系比利益更重要，最有效的让步策略就是迁就对方，迁就的前提是需要对方先说出他的需求是什么。由于某些原因，如果对方不愿意说出具体的需求，我们可以提一些简单的让步建议，努力做到满足对方，这样对方也会心存感激。在这种情境中，对于竞争性谈判者最有挑战，如果我们发现自己不善于运用交际手段，那我们可以向那些会处理人际关系的人请教。

- 合作型谈判。

这种情境的谈判，关系和利益对于双方而言都非常重要。

因为利益很重要，所以你在谈判初期仍然需要开出高于预期的条件。你可以遵循下面的操作步骤：首先，在最不重要的问题上开始谈，然后根据"如果……那么……"的假设性让步公式作出让步。记住，所有的让步必须建立在交换的前提下。因为利益非常重要，所以我们尽量采用扩大馅饼的方式去想一些有创造性的解决方案，使双方收益都扩大。

同时，因为关系也很重要，我们应该尽量避免强硬的做法和毫无暖场的开场白。我们需要通过强有力的提问和倾听技巧去了解隐藏在对方立场下的利益，即真正的需求和动机。同时，我们也可以向对方主动阐述我们的需求，释放出合作善意，以求双方共同协作，寻找出有创造性的解决方案。

- 交易型谈判。

如果利益是谈判的核心，坚定地讨价还价策略效果最好。具体是指，你开出一个高于预期的条件（需要有三个理由支撑），如果对方表现出想继续谈判的意愿，接着你开始做一系列的让步，让步的幅度需要越来越小，最终止步于你的预期水平上。这种谈判方式对合作型谈判风格的人可能会有一些挑战。

下面通过一个案例来说明交易型谈判的让步方式。

你走进一家画廊，想为新家选几幅画做装饰。选好自己想买的东西，然后询问店主价格，无论店主向你报任何价格，你都要马上呈现出完全接受不了的样子，随后向店主开出一个非常低的价格，但不要让人接受不了（让人可以接受的方式是找三个理由支撑你的报价，一般也可以按同行业还价的最低比例）。如果店主同意降价（但一般不会同意你的报价），你也要作出相应的小小让步，接着展示一下你带的现金或者呈现出你想买的诚意，之后你继续坚持目前的价格，直到听到不停说服你的店主终于说出"不行"这两个字。一听到不行，你要马上有礼貌但态度坚决地走向门口。也许有一半的概率，店主会在你离开之前拦住你，并再次同意降价，但不是每次都这样。如果他没有拦住你，你要选择是继续讨价还价还是离开。不过这个时候，店主往往不会再有大幅度的让步，因为他们也要给自己的让步下台阶。

千万不要在利益攸关的交易型谈判中过早做出重大让步，因为这是在向对方传递一些不利于自己的信息，比如"我的确想做成这笔生意"，这在无形中给对方增加了筹码，提升了他们对于成交条件的期望值。如果这么轻易地在这个问题上让步，也会让对方觉得他对你不重要。让步贬值定律说的就是"太容易得到的东西会被轻视"。竞争性谈判者会因你的快速让步行为而改变他们的期望值。

（三）达成协议

1. 获得对方的承诺

我有一个朋友是一个志愿活动的组织者，他和另外一些志愿者们每周末都会带孩子去各个不同的博物馆进行参观和学习，但是让他头痛的问题是，到了每周末，总有一些志愿者不能如期而至，这造成了这些孩子缺少监护，同时，也没有足够的人手给他们讲解。而那些爽约的志愿者们也可能是由于不好意思，并没有提前和他打招呼，造成他也无法提前做相应的人员调整。后来，他想了一个办法解决了这个问题。每次，他除了让这些志愿者们提供人力支持以外，还会对志愿者提一个小小的额外要求，比如请志愿者代为购买火腿肠、方便面、饮用水或带一张中午吃饭的餐布等，结果再也没有志愿者缺席过。因为在那之前，志愿者们会思考"缺我一个人，对活动影响也不大"，但是现在，他们明白如果他们不来可能会给活动带来一定的困扰，每个人都看到了自己的重要作用，缺了谁都不行，自尊和责任感让他们参与到活动中，现在又鞭策他们遵守承诺。

约定仅仅表明某人与你达成共识，而承诺表明对方真正会去做到。所以在达成协议时，我们要用一些手段确保对方做到，比如合同约定、广而告之、社交仪式和明确的惩罚措施。

承诺的形式也分为口头、公开讲话或公开披露（让更多人知道）、书面记录、合同等。

2. 结束也是开始

如果最终双方未能就本次谈判达成协议，这也可能是下一段合作的开始，千万要为双方留有余地，突出未能合作的遗憾，祝福对方未来获得成功，表达期望未来合作的意愿。

创造性谈判

谈判的创造性常常被谈判者忽略。我们的视线往往都集中在谈判的竞争性方面。人们常常误解双赢谈判就是妥协或者感觉良好，而不是扩大馅饼获得价值增值的过程。

如果通过富有创造力和洞察力的问题解决策略，使待分配的资源增加，那么资源的分配就会变容易。

在《7招打造超级销售力》一书中，我曾有一个"两人分一个橘子"的小练习，其中提到了一个问题："怎样的分法能达到双赢？"你可以现在写下你的答案。这个问题答案的核心点是，双赢不是公平，不是妥协，不仅是感觉，最重要的是要创造更大的价值，让双方获得更多收益的创造性的解决方案，因此才有了橘子先不卖，可以让某某明星签字或带去太空走一圈，成为"太空第一橘"等方案，为其创造更大价值后再来分。

接下来，我将详细阐述谈判中的创造性，说明什么是富有创造性的谈判协议以及创造性谈判的策略。

（一）创造性谈判的做法

1. 拆解问题

把大问题拆解成N个小问题，并组合排列这些问题的解决方案，形成一个整体方案。这种组合的过程就会产生很多新的可能性。

2. 扩大馅饼

详见第7招剧院与制作公司的合作案例。

3. 减少成本

人们害怕损失，所以不愿让步，通过减少成本，让他们觉得未受损失。

第5招
制定谈判策略

4. 创造相机合同

有了相机合同，双方可以关注到彼此真正的共同利益，而不是关心对未来看法的不同，可以消除紧张的谈判氛围，而不是拖延宝贵的时间或浪费诉讼费使双方失去控制。相机合同还提供了几乎完美的谎言检测方法。

做过销售的伙伴一定特别有感触，客户特别喜欢用"量"换"价"，但是你也不知道客户承诺的这个量是否真实，这时你就可以用相机合同来做约定，比如设定不同数量区间对应不同价格，这时你不仅规避了未来风险，也可检测出客户信息的真实性。

（二）阻碍创造性谈判的知识迁移问题

迁移是一种把从一种情境中学习到的策略和思想，应用于另外一种不同却相关的情境中去解决问题的能力。人们将知识从一个背景下迁移到另一个背景下的能力是有限的。如果两个问题表面上的特征相似，我们更容易迁移，但如果表象不同的情境，我们的迁移能力就会大打折扣。

> ● 思考题
>
> 假设你的病人是一个胃里长有肿瘤的患者。你想救他，但对患者进行手术是不可能的，如果肿瘤不切除，患者也会死亡。现在有一种射线可以杀灭肿瘤。如果射线立刻以充足的剂量密度照射肿瘤的话，肿瘤就会被杀灭。但不幸的是，被射线照射过的健康组织也会被射线杀死。低密度的射线不会杀死健康组织，但也不能杀灭肿瘤。那么你该怎么操作才能杀灭肿瘤，而又不损害健康的组织呢？
>
> 思考时间：3分钟

如果你不知道该如何处理，那么请看看下面的故事，看看如何迁移到上面的案例。尽管两个问题的表层信息不同（一个是医学问题，一个是政治问题），我们通常不擅于用一个已有的知识解决不同的问题。

有一个暴君统治的国家，民不聊生。一位大将军揭竿而起，准备发动边塞的大军奋起反抗，攻陷这个国家的堡垒。这个堡垒位于该国的中心，由堡垒向外延伸出多条公路。将军知道，如果他的全部兵力立即展开集中进攻，堡垒完全可以被拿下。于是，他把军队列阵在堡垒的一条公路的起点，准备发起总攻。但这时，一个探子给将军带来了令人忧心忡忡的消息，原来，这位独裁者在每条公路上都埋设了地雷。地雷的埋设方式是小部分人经过时可以安全通过，但大队人马经过的话肯定会引爆地雷，因为这位独裁者需要自己的军队和工人能够进出堡垒，但又要限制大队人马进出。一旦引爆，不仅毁坏了道路，阻断了交通，而且独裁者还会摧毁很多村庄。因此，对堡垒展开全面的直接进攻似乎是不可能的。对此，将军并没有气馁，他将自己的军队分成若干个小分队，让每个小分队走不同的公路。一声令下，每个小分队沿着不同的公路向前冲，他们都安全地通过了地雷区，然后再集合起来发动进攻。就这样，将军攻占了堡垒，成功推翻了独裁者。

从表象发现深层的共性问题，我们要经过深度思考和不断训练。

谈判就像一项运动一样，需要我们经常不断地练习，创造性的思维也是如此。下面的方法是帮助你增强你的创造性思维。

当我们集中精力思考问题的解决方案时，有时候会被堵住，这时我们可以尝试暂时先把问题放一放。过一段时间，也许当你在散步的时候，或者在做另外一件事情的时候，一个好主意会突然闪现出来，既短暂又突然，这就叫沉思。沉思的详细步骤有以下三步。

1. 准备

这时，你需要收集更多的信息，为解决问题做努力。这里的关键是我们要把问题找出来，清晰地定义问题。

2. 沉思

如果最初尝试解决问题失败的话，你可以把问题先放一边，去做其他工作或者去睡觉。我本人尝试过很多次，非常有效。虽然没有人确定为什么会起作用，但人们还是会经常使用这种方法。突然在你做另外一件事时，好主意就出来了。

3. 修正

本阶段是去验证解决方案是否有效，并持续做改善。

● 练习题

Eric住在一个汽车旅店里，由于资金问题暂时付不出房租，23天以后才有现金，但是如果他不支付房租，老板就要把他赶走。他手上正好有一条23个链环的金链。老板要求他在23天中每天支付一个链环，直到23天以后支付现金时再返还给他所有的链环。Eric想尽可能使这条金链保持完好，因此非常着急，不是迫不得已他不想拆下任何一个链环，但旅店老板坚持要他每天付钱，而不接受预先支付。每住一天就要拆下一个链环，Eric不得不拆下几个链环呢？

1 2 3 4 5 6 7 8 9 10 11 12 13 14 15 16 17 18 19 20 21 22 23

（答案见附录参考答案⑭）

研究人员曾经让三组人用30分钟（被打断的时间不被计算在内）解决这个问题。第一组有55%的人解决了问题。第二组中间被打断了30分钟，但这个组有64%的人解决了问题。第三组中间被打断了4个小时，有85%的人解决了问题。虽然不能保证在困难的谈判形势下，把问题先放一边一定会得到启发，但是我们尝试一下也没有坏处。

（三）创造性的谈判策略

1. 流畅性、灵活性和创造性

评价创造性的普遍方法是通过三个方面：流畅性、灵活性和创造性。

流畅性，强调的是想出更多的解决方案，重数量而不是质量。

灵活性，指的是从不同维度想出解决方法。

创造性，指的是想出不寻常的方法的能力，想出其他人通常想不到的答案。

> ● 思考题
>
> 请想出纸箱的不同用途。
> 思考时间：10分钟

如果你想出两个答案：把这个纸箱作为猫或狗的窝。这个答案，你在流畅度上可以得2分，因为这是两种不同的想法，但在灵活性上只能得1分，因为这两个想法是一类的，都是动物的家。创造性上得1分，因为创造性高的人会对纸箱的用途想出更多新颖和不寻常的方法。另外一个人想出了纸箱的一些不同的用处，把它当作崇拜物，把它作为电话，把它看成是货币。那么，这个人在流畅性上的分数可以得到3分，在灵活性上可获得3分，因为这三种用途是不同种类的，包括宗教交流和经济。同时，他的想法是非常具有创造性，创造性可以得3分。

显然，想法的灵活性水平（想出不同种类的用法）会影响创造性，因此，增加创造力的一个简单的方法就是从不同的维度想出解决方案。通过列出纸箱可能的不同类别的使用方法（容器、遮蔽物、建筑材料、医疗、宗教、政治、武器、交流等），一个人在以上"三性"的分数会大幅度增加。因此，增强创造力的主要策略就是从想法的种类（不同维度）来思考，而不单纯是想法的数量，这样就会帮助谈判者跳出解决问题的狭隘视野，创造出更多新机会。

2. 头脑风暴

头脑风暴的目标是使想法的数量和质量最大化。一个小组如果有很多想法可以选择的话，将更容易发现一个真正的好主意。头脑风暴不仅仅有数量的优势，更重要的是，一个人的想法会促使另外的人产生别的想法。

头脑风暴需要遵守以下规则：

- 每次进行一场对话；
- 重点放在问题上；
- 鼓励不寻常的想法，越不寻常越好；
- 注重数量而不是质量；
- 不要过早地做出判断；
- 相互借鉴。

3. 演绎推理

演绎推理是指前提与结论间的联系是必然的，也就是说，前提真实，推理形式正确，结论就必然是真的，这是一种逻辑性训练。

我们经常受一些因素的干扰，做出非逻辑性的判断。比如，人们有强烈的倾向，认为自己同意的结论就是正确的，他们不同意的结论是无效的。这也验证了心理学家的研究发现，即人是有限理性的。

● 练习题

选择你确定的结果：

1. 所有的S是M，所有的M是P，那么

A. 所有的S是P

B. 不是所有的S都是P

C. 一些S是P

D. 以上结论都不对

2. 由于技术进步和石油资源正在枯竭，用非传统的能源来替代石油日益迫切。其中一种资源就是加拿大阿尔伯达西北部的阿萨巴斯卡（Athabasca）焦油沙。因为一些焦油沙是可精炼碳氢化合物的来源，这些废弃物就具有了商业探测的价值。一些原油废弃物也是精炼碳氢化合物的来源。因此：

A. 所有原油废弃物都是焦油沙

B. 所有原油废弃物都不是焦油沙

C. 一些原油废弃物是焦油沙

D. 一些原油废弃物不是焦油沙

E. 以上都不对

（答案见附录参考答案⑮）

4. 归纳推理

归纳推理是一种由"个别"到"一般"的推理。由一定程度的关于个别事物的观点过渡到范围较大的观点，由特殊具体的事例推导出一般原理、原则的解释方法。自然界和社会中的"一般"，都存在于"个别""特殊"之中，并通过"个别"而存在。"一般"都存在于具体的对象和现象之中，因此，只有认识"个别"，才能认识"一般"。人们在解释一个较大事物时，从个别、特殊的事物总结、概括出各种各样的带有一般性的原理或原则，然后才可能从这些原理、原则出发，再得出关于个别事物的结论。推理的前提真实，推理形式也正确，但不能必然推出真实的结论。

第 5 招
制定谈判策略

比如："直角三角形内角和是180度。锐角三角形内角和是180度。钝角三角形内角和是180度。直角三角形，锐角三角形和钝角三角形是全部的三角形。所以，一切三角形内角和都是180度。"运用的就是归纳推理法得出的结论。

● 练习题

一个镇上有两家医院。较大医院每天出生45个婴儿，而在较小的医院中大约出生15个婴儿。如你所知，所有婴儿中大约有一半是男孩。然而，每天的精确百分比则时有变化，有时可能会高于50%，有时则会低于50%。一年当中有一段时期，每家医院都记录了男孩出生率超过60%的天数。你认为哪家医院记录的天数更多一些呢？

1. 较大的医院
2. 较小的医院
3. 大致一样（双方相差在5%之内）

（答案见附录参考答案⑯）

当样本数较少的时候，更容易发生极端性的事件，因为他们有较小的事件被平均。人们容易被极端事件所影响，常常忽略样本的大小，做出错误的推论，影响创造性想法的生成，因此我们需要从数量较多的样本数中进行归纳推理，以得出真实的结论。

● 小结

1. 谈判的金字塔模型二级和三级是真正的双赢谈判。
2. 达成双赢谈判的四个条件。
3. 促成双赢谈判的有用策略。
4. 谈判三阶段的策略。
5. 增强创造性思维的方法。

运用技巧完成谈判三步骤

第 6 招

正确的谈判技巧需要在正确的时间、正确的谈判步骤中对正确的人使用，才能达到最佳的谈判效果。本招将谈判步骤分为三步，分别是铺垫谈判、解决分歧和达成协议，教会大家如何在这三个谈判步骤中正确地使用这些谈判技巧，让我们一起进入到实战的谈判流程中吧。

铺垫谈判

铺垫谈判也被称为开局谈判。

铺垫谈判环节，你需要关注以下两个问题：开局破冰和开局话术。

（一）开局破冰

开局阶段，我们需要关注三个关键词，分别是利益（Interest）、顾虑（Concerns）和氛围（Emtion/Environment），三个英文单词首字母连在一起就是I.C.E，翻译成"冰"。

1. 破冰的定义

"破冰"意为开局要突出谈判双方的利益点，从而提升对方达成谈判的意愿度；确认已经明确所有顾虑点，从而可以综合考虑所有顾虑的整体解决方案，推进顾虑的处理；营造合适的谈判氛围，造势定调，为后面的分歧解决奠定更好的基础和条件。具体如图6-1所示：

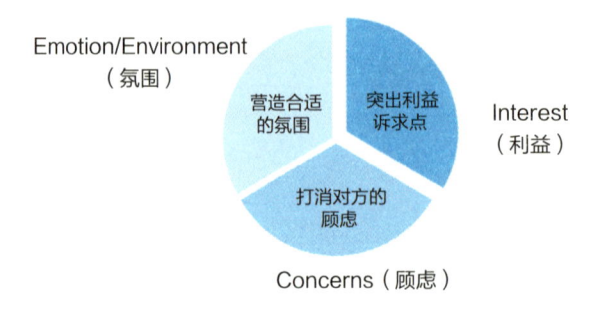

图6-1 开局破冰要做的三件事

破冰的方式分为硬破冰和软破冰。软硬的主要区别不在于态度的强硬与否，而与所需营造的氛围有关。硬破冰需要营造一种紧张、拘束、有压迫感的氛围；软破冰需要营造一种轻松和谐的氛围。不同的谈判需要营造不同的氛围。

2. 如何破冰

在我们了解了什么是破冰之后，那又该如何破冰呢？以下是开局破冰的一些方法。

- 突出谈判双方的利益点。

你可以这么说：

"我们的产品能够满足您对生产效率的要求。"

"您之前提到……需求，我们可以做到。"

"如果我们双方能成功合作，对您的收益将是……对我们的收益将是……"

"如果能满足您的……需求，那样您就可以实现……，我们也将实现……相信那是我们双方都非常希望看到的。"

- 确认已经明确所有顾虑。

你可以这么说：

"您之前提到在……方面有顾虑,您看是这样吗?"

"……在这些点上我们还存在分歧,您看还有补充吗?"

"以上这些是您提出的顾虑,您看我是否还有遗漏?"

"您的顾虑是……,您看我理解得对吗?……还有其他的吗?"

"还有什么需要进一步谈的吗?"

- 营造合适的谈判氛围。

《谈判专家》这部剧中,出现过多次人质被绑匪绑架的情形,一旦出现这种情况,谈判专家就会和绑匪进行谈判,这就涉及和绑匪进行谈判的开局破冰了。请问,谈判专家应该硬破冰还是软破冰呢?如果是硬破冰,你来试试看效果如何。

"放下刀!否则……"话音未落,刀就已经下去了。所以,在这种情况下,谈判专家必须得采用软破冰。那么,怎么进行软破冰呢?你可以这么说:"这位先生,你冷静一下好不好?看你戴着一副眼镜,也是文化人,相信你一定是有不得已的苦衷,相信你也一定有家人……我今天是一个人过来的,你看我什么都没带,咱们有什么都好商量,慢慢来,不着急……"

软硬破冰可以营造截然不同的感受和氛围,开局用哪种方式破冰完全视实际情形而定,该硬就要硬,该软就要软。它没有固定的话术,是隐藏在话术背后的表述方式和表述内容。

大家熟知的电视剧《芈月传》中有这样一个片段,也能够体现开局破冰如果表述方式和内容不同,将如何营造不同的氛围。

因为楚国的芈月公主被错当成秦王后绑架到义渠国,秦王就派了秦国使者张仪、庸芮、嬴华来义渠国和义渠王谈判。他们一见到义渠王，张仪就做了自我介绍，结果义渠王说："你是谁，我没听说过！"张仪也不示弱，他说道："我是来解义渠之危的！"这样的开局就是硬破冰，双方都在营造自己的气势，给对方压力，以影响后续的谈判，让对方做出更多让步。试想一下，如果张仪因为地位比义渠王低，听到义渠王这么一说，回复道："大王，我是秦国的使者张仪啊。"明显气势就比义渠王低了一截，后面还怎么硬气得起来呢？

测一测，请你来判断一下，以下对话是硬破冰还是软破冰（答案见附录）。

A、B两家公司谈收购，A公司准备收购B公司。A公司谈判代表到达B公司会议室，刚坐下，B公司谈判代表就说："非常欢迎贵公司的各位代表，我们也诚挚地希望此次谈判能达成，有关并购后我司希望保留原董事会成员的期权份额是我们今天谈判的基础，而关于其他高管的管理权限或人员岗位及薪水调整问题这些都可谈。"

（二）开局话术

在了解了开局破冰的重要性后，接下来，我们要把破冰技巧用话术的形式体现在的铺垫谈判的话术中。开局话术包括两个部分：构建谈判框架，制定谈判议程。

1. 构建谈判框架

- 简要回顾历史。

例如：三个月来，我们进行了多次交流。

- 突出当前提案中能够满足客户需求的部分。

例如：我们的产品能够满足您对生产效率的要求。

- 强调达成协议客户可以得到的利益。

例如：可以大大提升您的生产周期。

2. 制定谈判议程

- 提及分歧、讨论顺序、确定时间。

例如：现在我们只在价格和交货期还存在分歧。

先谈交货期，再谈价格问题。

大概需要两小时。

- 确定接受。

例如：您看可以吗？

- 确认没有新的顾虑出现。

例如：还有什么需要进一步谈的吗？

解决分歧

解决分歧是谈判步骤中的第二步，也是最关键、最难的一步，为了最终解决分歧，就需要提出双方都满意的解决方案，在双赢的前提下，争取我方的最大利益。当然，谈判也可能会因某个分歧点达不成共识而陷入僵局，擅用技巧和合适的话术就能化解僵局，继续推进谈判达成共识，而不会导致谈判的破裂。

解决分歧环节，你需要掌握以下八个方面的技巧。

（一）区分立场与利益

谈判不成功的原因有很多。比如，由于信息收集不完整，未确定自己的BATNA，从而导致误判底线。又比如，谈判人选问题，未能有效区分立场和利益，针对立场谈判而非利益谈判等也是导致谈判失败的一个重要原因。

1. 立场与利益的定义

在解决分歧环节，我们需要特别注意区分两个词——"立场"和"利益"。

立场指的是表面态度，一种排除其他可能的态度，表面上看起来唯一可行的方案，关于你或者对方需要的陈述。

利益指的是背后的动机，谈判方提出需要背后的原因，谈判方希望消除的顾虑或解决的问题，谈判方希望实现的愿望。

我们应该基于利益谈判而非立场，因为立场往往可能是冲突或对立的，会将对方带进死胡同，而利益可以帮助双方了解背后的原因，找出更有针对性的解决方案，让选择增加，从而顺利推进谈判，达成双赢结果。

2. 针对利益谈判的重要性

我们来看一个案例，判断一下这个案例中两个人的立场和利益分别是什么。

某天早上来到公司，我的两位同事在争论：一个要开窗，一个要关窗。眼看两人就要谈崩了，于是，我上前问A同事："你为什么要开窗呢？"他指了指角落里的一个座位，说道："我坐那里，今天早上一来就闻到一股榴莲的味道，想吐，所以开窗是想通风散气。"接着，我又问B同事："为什么你不让他开窗呢？"原来B坐在靠窗的位置，公司又在高层，一开窗，大风就呼呼地往里灌，让B感觉很不舒服。当A和B都说完的时候，我的调解工作就结束了，因为他们马上交换了座位，大概半小时以后，他们又换了回来。这个问题就这么解决了。

上面这个案例中，A和B的立场和利益分别是什么？A的立场是开窗，利益是"通风散气"。B的立场是关窗，利益是不要吹到风。

第6招
运用技巧完成谈判三步骤

谈判之所以不能针对立场谈是因为立场可能是对立的，而利益却可能是共同的或至少没有冲突。

上例中，当我们了解到利益后就发现解决问题的方式除了换座位，还可以打开门或者用风扇吹，又或者打开空调的通风功能。所以，只有了解清楚对方需要背后的动机才可能有更多谈判的余地，使谈判不至于陷入僵局或破裂。

一个妇女偶然经过一家卖礼服的商店，瞬间被模特身上的礼服吸引住了，走进店内对店员说："我要买这件衣服。"

但就在这时，另外一位男士也要买这件衣服，他对这名妇女说："我老婆过两天要主持一场大型活动，前两天她来这里试穿过这件衣服非常满意，让我帮她买一下。但是，我当时身上没有足够的现金，也没带卡，这两天公司事情忙，一下子又忘记过来了，这不刚想起来一下班就赶过来买了。所以，这件衣服您能否让给我呢？"

没想到，这个妇女说出了一段隐情，原来她一个人带着女儿，明天她女儿就要参加电视台的一场选秀比赛的复赛，在此之前，因为家里条件不好，没钱给女儿买像样的比赛服，初赛时因为穿得太过"寒酸"险些被淘汰，大家都说这孩子唱功了得，如果能顺利通过复赛，前途不可限量，为此事孩子悄悄流泪，知道家里的情况，一件礼服相当于母亲半年的工资，所以没有向她提任何要求，但她看到了女儿眼中的渴望，内心也很纠结。今天，看到这件衣服的瞬间就知道太适合自己的女儿了，咬咬牙准备买下这件衣服，所以她不能答应这位男士的要求。

经过协商，双方最后竟然达到了一个令双方都满意的处理方法。你能猜出这个方法是什么吗？

让我来揭晓答案吧！

157

男士说："我付钱买下这件衣服，明天您的女儿可以穿这件衣服参加比赛，等她比赛结束后，您再把衣服还给我，您看这样可以吗？"

因为妇女的女儿参赛在前，男士的老婆主持在后，所以时间上完全可以错开，而且男士的老婆因为经常会在不同场合做主持，这件衣服可以反复利用，而女孩是参加电视台比赛，衣服显然只需要穿一次，所以买下不划算。所以，妇女欣然答应了男士的建议。

后来，妇女的女儿穿着这件衣服顺利晋级，还获得了前三的好名次，给这件衣服增添了另一层非凡的意义。

通过这个案例，我们也可以发现，立场完全对立的谈判，通过利益的挖掘，完全可以在双方之间找到利益的契合点，做到双赢。

3. 利益的三层含义

现在，我们知道了针对利益谈判的重要性。那么，接下来让我们一起来了解一下三种不同的"利益"。

如图6-2所示，立场就像横在谈判对手之间的两堵墙。当对方提出立场时，我们一定要学会去挖掘对手背后的利益。利益通常被分为三种：公家利益、个人利益和感性利益。

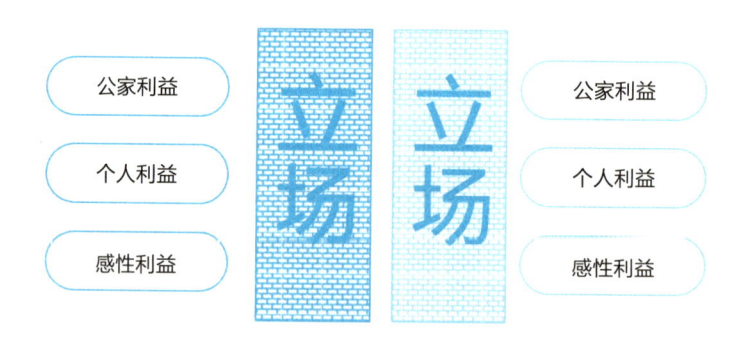

图6-2 利益的三层含义

公家利益是指能满足对方组织结果，能为对方组织带来收益。其包括：更高的投资回报、增加销售、降低成本、提高效率/生产力、低拥有成本、灵活性、盈利能力、平稳的现金流。

个人利益是指能满足对方个人结果，能为对方个人带来收益。其包括：保持权力、控制他人、更加安逸、提高个人能力、得到认可、增强自尊、避免失败、避免失去工作等。

感性利益是指感情、感觉、感受。

史蒂芬·黑曼在《新战略营销》一书中指出，研究结果表明人们在决策时考虑的个人利益重于公家利益。而有时感性利益可能超越一切！如果我们是老乡还是校友，不帮你帮谁呢？别忘了人的理性是有限的，人们是基于情绪做决策，而后又用理性来证明自己决策的合理性，所以我们要擅于去寻找这种"感性利益"。

4. 擅用三种"利益"实现成功谈判

在了解了三种"利益"后，再来看一个真实的案例，它是如何有效应用的。

某一年，我去给某高校总裁班上课。课间，有一位同学跑来找我，原来他是X公司的老总。他跟我说他们是做大型工程项目的，某市的大型工程公司Y公司曾和他们合作了很多年，对方对他们的服务还算比较满意。可是，今年Y公司有钱了，客户内部就出现了两种声音：一个声音是继续跟他们合作，因为多年来大家合作得还是比较愉快的；另一个声音是找一家质量更好的外企合作，虽然价格高一点，但现在钱不是问题，追求高质量也无可厚非。两方对比争论不休。这时候，Y公司的CEO发话了："把这两家供应商都约过来，我来跟他们各谈一个小时，我们当场拍板到底选谁。"X公司的老总就问我："季老师，接下来，我应该怎么谈呢？"什么"帮助企业提升绩效、提升利润"等这些都谈讨了，我提醒他要关注最终决策者的个人利益。经过调查，X公司的老总了解到Y公司的CEO还有两年就要退位了，故而现在的他相对保守且害怕承担风险。所以，X公司的老总强调了更换供应商可能存在的风险，自己公司为工程期间的风险环节购买了相应的保险，同时承诺将完全承担几年工程期间的所有风险，最终他赢得了订单。

这个案例中，X公司的老总正是踩中了对方决策者的个人利益，得以顺利拿下订单！如果他还能找到"感性利益"那将更加如虎添翼了。比如同姓、同乡、同窗、同事、同好等，都可以迅速拉近关系，有助于快速建立信任，从而推进谈判的成功。

5. 成功区分立场利益，实战谈判案例解析

前面，我们区分了立场和利益，也了解了三种"利益"的含义，接下来，我们再用一个案例向大家展示我是如何针对利益来谈判的。

2015年前，我还在企业做全国销售总监，每年年底董事会都会根据战略目标制定第二年的全国销售指标，然后由我负责分配给各个分公司的总经理们，再由总经理分配给下面的销售部门。分配销售指标，肯定要参考多年的纵向数据及横向对比，以及每个公司的资源和人力配备等。虽然我希望能做到公平公正，也会汇集集团N个部门一起开会反复研讨，但有时也很难做到绝对公平。每次指标分配邮件发出的24小时内，我还没来得及电话一一沟通确认时，手机就基本上处于被打爆的状态，搞得我也很头疼，因为他们总是跟我说四个字："指标太高！"最初我以为他们要的都是降指标，后来我学会了区分立场和利益，事情就变得好处理多了。

请问，"指标太高"是对方的立场还是利益？这不正就是表面态度吗，所以它是立场。我不能针对立场和他们谈判，于是便问道："为什么你觉得指标太高了呢？"我要了解背后真实的原因，以及他们真正想解决的问题。

有人说："我们人手不够，我们的销售人员不够。"他想要的是招新人。公司HR部门每年都会有一些人头预算，所以这个可以解决。有人说：

"市场费用不足,要钱!"有人说:"去年××公司和我们的情况一模一样,指标也是一样的,为什么今年我们要比他们高呢?"原来,他想要公平。还有人说:"明年的经济形势不太好。"原来,他要的才是真正的降指标。

从表面上看,大家的理由好像都一样,然而他们背后的动机各不相同,也正是因为他们真正想解决的问题不一样,才给了我解决问题的机会,让我们从死胡同里转了出来。学会区分立场和利益,尝试从三种利益入手,针对利益去找解决方案,会让你的谈判之路越走越顺。

(二)先开价还是后开价

在谈判中,你一般习惯于先开价还是后开价?注意,这里的"开价"不仅指报价,还包含所有的谈判条件。

在我的课堂中,大部分学员回答的是"后开价",你的答案呢?

后开价是有好处的,可以了解行情和虚实,但在对方开价后要特别注意"反锚定",即不要被对方的开价所影响,要思考他的开价是否合理,学会区分立场与利益,再进行有理有据地还价。如果过去从未遇到过同类情况,不知道如何处理,可以让对方先提条件,也不失为一种试探的方法。

不过,如果你想成为一名谈判高手,建议学会先开价,特别是面对那些艰难的谈判项目。因为"先开价"可以定锚定位,操纵对方的期望值。

很多人不敢先开价是担心先开价会把对方吓跑了或者直接导致谈判破裂。其实,你大可放心,只要认真学习了本书,你就可以让谈判继续下去,而且不会轻易破裂。

无论哪方先提出条件,最好都能了解或说明这个条件背后的真正目的是什么,有时对推进谈判的作用也非常大,也可以为自己争取更好的谈判条件。如果要传达让人不愉快的消息,更要做到:时间要早(先开价),

内容明确，可信度高。如果你希望提升客户的满意度，希望客户与我们持续合作并帮我们做转介绍，那么根据客户满意度公式：客户满意度=客户体验−客户期望，我们在提升客户体验感受的同时，也需要降低客户的期望值。先开价，就是降低客户期望值的好方法。

（三）"三个理由法"让开价合理

不知你是否遇到过这种情况：你先开价，但由于开价太高让对方无法接受，从而导致谈判直接破裂。如何避免这种情况的发生呢？你还需要学会"三个理由法"支撑你的开价，就可以大概率避免谈判的破裂了。

为什么是三个理由不是两个理由呢？其实，一个理由够充分也行，但是三个肯定更好。有一本书叫《麦肯锡方法》，他告诉我们人脑最能接受的是三分岔法，因为"三"个是人们最容易记住的数量。《金字塔原理》也是三个论点，三个论据，三项说明。当我们形成"三个理由法"的思维时，说话是最有力度的，我们从小喜欢用的排比句也是三连排，是不是感觉力量感十足，特别有说服力？

2012年，一对"80后"夫妻通过朋友介绍找到我，他们周末要和房东谈判，希望我能帮到他们。我问这对夫妻谈判的目标和底线是多少，至少咱们自己先要做到心里有数。猜猜2012年上海中环边上一套99平方米的二手要多少钱？大概3万元一平方米，房东开价298万元。你觉得可以优惠多少呢？合适的行情是5万~8万元。

这位男士说："我的理想目标是250万元，底线260万元。"我一听，差点把喝到嘴里的水全吐出来，我不过是一个教谈判的，又不是盖房子的！结果，对方说："没难度也不来找您季老师了……"最后，我决定帮助他们，倒不是因为他们的激将法，而是为他后面的话所动容。他说："我们夫妻是外地大学毕业，来沪工作很不容易，绝对不能让孩子出生在上海没有一席之地啊！现在集两家财力只能凑出250万元，踮踮脚尖最多能够凑到260万元。"我一看那位女士，已经大腹便便快生了。于是，我说："咱们只能试试看，但是我有一个要求，就是一定要按我的三步谈。"

哪三步呢？——了解情况后选择合适的破冰方式，然后用合适的方式开价，最后用"三个理由法"支撑自己的开价。

接着，我问这位男士是否了解房东的情况，这位男士直摇头。我说："谈判要先做好准备，先到中介那里收集一下信息吧。"结果，这对夫妻很快就反馈给我从中介那里带回的三个利好消息。一是这对房东夫妇一共有四套房在中介处卖，说明他们是有钱人；二是这套房是他们八年前购入的，现在已经翻两翻了；三是房东夫妇自己在这套房子里结婚生子，也是经历这一步步过来的，和他们情况类似，有共鸣。

在了解了房东的情况后，咱们来看看这个案例我们需要如何破冰？硬破冰还是软破冰？硬破冰法，如："老板，这件衣服料子不好，款式也不好……太贵了！"你这么干过吗？这是买卖上的硬破冰，小买卖无伤大雅，大买卖如果这样你试试？"房东，这房子装修好象挺旧的，还有这个柱子风水也不太好，这里恐怕要重新装修……"估计这么说，房东肯定会把你赶出去。所以，现在正确的破冰应该是软破冰，那要怎么破呢？"房东啊，跟你们真有缘分，我一眼就看中了您家的房子，您装修得太有品位了，还有宝宝房，真希望我的孩子也能在您这样的房子里出生。"

这样的开局还不错，接下来就是开价时机了，请问在这个案例中应该先开价还是后开价呢？一定要先开价！如果后开价你试试："房东便宜一点好吗？""295万元。""您就再便宜一点，好吗？""290万元给你，最低价了。"你看还是不行，这时你说250万元的底价，你猜会是什么结果？是的，你又会被赶出去的，房东也好心给你便宜了，你还开出那么离谱的价格，谁受得了？这种开价方式必输无疑。当然，你也不能一去就说："房东250万元卖不卖？"

那他要怎么先开价呢？我帮他搭了三个理由来支撑他开出的条件（如图6-3所示），这是谈判中非常重要的技巧。

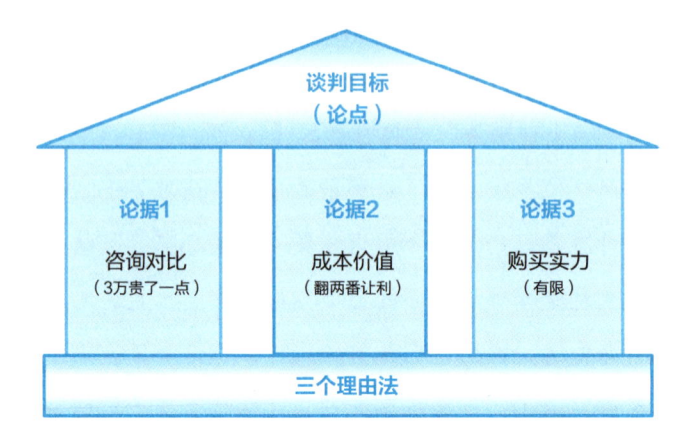

```
           谈判目标
            （论点）
    ┌─────────┬─────────┬─────────┐
    │  论据1   │  论据2   │  论据3   │
    │ 咨询对比 │ 成本价值 │ 购买实力 │
    │(3万贵了一点)│(翻两番让利)│  (有限)  │
    └─────────┴─────────┴─────────┘
              三个理由法
```

图6-3 "三个理由法"支撑开价

我分别帮他找到了：咨询对比（虽然精装，但价格还是比周边贵了一些），成本价值（房东购买前后价差很大，已获利较丰，能否做一些让利），购买实力感情牌（说明实际困难，引发对方情感共鸣）。当他说出来后，谈判没有破裂，这时对方可以理解他这么开价的理由，但也没有就这么卖给他，当时房东说："你的报价与我心理价位相差太大了，这样吧，你去找你买得起的房子，我也继续找合适的买家。"可是，也许就是那次沟通让房东动了恻隐之心，为后面谈判的成功奠定了基础，很多时候谈判不是一次就能谈成的。

过了一段时间，我突然接到这对夫妻打来的电话说要请我吃饭，因为经过他们的软磨硬泡，终于在预算内成功地买下了这套房子。也许你会说这是特例，他们是遇到了千年难逢的好人，而且还是有钱人，也许！但这个案例中的确有值得我们学习的地方，那就是开局破冰要正确，该硬就硬，该软就软，学会奠定合适的氛围；能先开价时尽量先开，影响对方的期望值；开完价要给出三个理由，说明开价的合理性，争取对方的理解，让谈判顺利推进。

（四）探讨备选方案

当你明白开局破冰和开价时机，也明白要针对利益谈判，还知道了用"三个理由法"让开价合理化。其实知道了这些知识还远远不够。在解决分歧这个步骤中，最重要也是最难的，当数如何探测对方的底线，争取最大收益，因为谈判中谈来的每分钱都是利润。本环节将给出三种探测底线的方法，它们的威力递进，但也要防止用力过猛，因为用力过猛也有导致谈判直接破裂的风险。

1. 直接问

这是探测底线最直接简单的方法，但是很多销售不会直接问，我问他们为什么，他们给的答案往往是"对方不可能说"，这是真相还是你以为的假象呢？我在《7招打造超级销售力》一书中详细讲解了"信念"对一个人的影响，一旦你认为"不可能"，当你拥有了这种限制性的信念，你就不会去行动，也就不会有结果。正所谓"思维决定一切"，就是这个道理，所以从现在开始让我们觉察自己所有的限制性信念，把"不可能"变为"可能"吧！

2. 假设性问题

如果你直接问了，但对方没有直接回答，你可以接着试试"假设性问题"法。假设性问题可以帮助我们通过提问的方式探测对方的底线，它的话术为：

- "如果我们……，您会……吗？"
- "您会考虑……吗？"
- "您会对……有兴趣吗？"
- "您会愿意……吗？"
- "如果我们……，会对您有帮助吗？"

总结一下，就是四个字："如果……，那么……"，有时也会被省略掉一部分。比如，你问对方："这个多少钱？"对方反问道："你买多少个呢？"就是被省略掉一分部的假设性提问，它的完整版可能是："如果你买10个，那么价格好谈。"

假设性问题的核心就是条件式让步，"无交换不谈判"是谈判的重要策略之一。

假设性问题除了可以探测对方的底线，还有一个好处是它可以随时把谈判从僵局拉回。比如，双方的谈判卡在一个点上进去不下去了，又或者已经拍桌子走人，但只要我们说："如果我们……，那么你们是否可以……"一个问题又可以让谈判继续下去。我们来看看以下案例是如何灵活运用假设性问题的。

案例一：有人要买进口仪器，对方开价5 000元。"啊？这么贵啊？"当贵的神情写在你脸上时，对方马上说："5 000元是零售价，4 000是批发价。"可你仍然嫌贵，"这是到岸价，如果你可以接受离岸价，最低优惠价3 500元。"你看，条件一改变，价格就改变，一点不廉价，还把看似僵局的谈判重新拉了回来。

案例二：还是买同样的进口仪器，你换了一家，结果对方开价2 500元，你说："这么便宜？""要说明一下，这是之前的老款的价格，3 500元的是新款的价格。"看你一副还可以接受的样子，对方又说："3 500元是离岸价，你要到岸价是4 000元。"有没有发现加上条件，进可攻，退可守，可上可下，一切主动权都掌握在你手中。

案例三：我之前工作的企业有外呼进来询价的客户，如果一开始提问太多，客户会不耐烦地挂断电话，这时我们也会用条件式开价来应对。比如，我们会说："我们的价格在1.5万～4.5万元，具体看人数、客户对……的要求，为了对您报价负责任，能否问您几个问题，先了解一下您更详细的需求？"这种报价方式也隐含了"条件不同报价不同"，让对方更愿意说出自己的具体需求。

你也可以斩钉截铁地报价，只要有条件，主动权还在你手里。有机会就先开价，只要采用条件式开价就可以进退自如。

> ● 思考题
>
> 请运用假设性问题提问以探测对方底线，写出应对提问话术（答案见附录）：
>
> 1. 您和我们签订年度框架合同，我们可以让1个点。
>
> _____
>
> 2. 我们会奉送免费1年维护保养。
>
> _____
>
> 3. 您增加20%预付款，我们才会考虑降价。
>
> _____
>
> 4. 您可以稍微增加一点点预算，这样可以取得更好的品质。
>
> _____
>
> 5. 你们不让步的话，我们也没办法让步。
>
> _____
>
> 思考时间：10分钟

3. 钟摆原理

如果前面两种方法还不能帮你探测出对方的底线，那么，就试试最后一招"钟摆原理"吧。由于这招威力有点猛，所以千万别一上来就用，因为这一招可能真的会导致谈判的直接破裂。

让我们一起来看看钟摆运行的原理吧。

如图6-4所示,当钟摆在8点位置时,你觉得往哪个方向用力才能让钟摆摆向3点(正面)位置?是继续往9点还是往3点方向拉动?很显然,如果你往3点拉动(也就是拉向成交方向),你会受到反作用力,从而导致钟摆停摆;如果你往9点方向拉动钟摆(不成交方向),钟摆反而会往3点位置(成交)摆去。这种方法就被称为"钟摆原理",也就是要向对方的负向用一点力(稍微用一点力即可,切忌不要用力过猛),反而可以使谈判往正向推进。

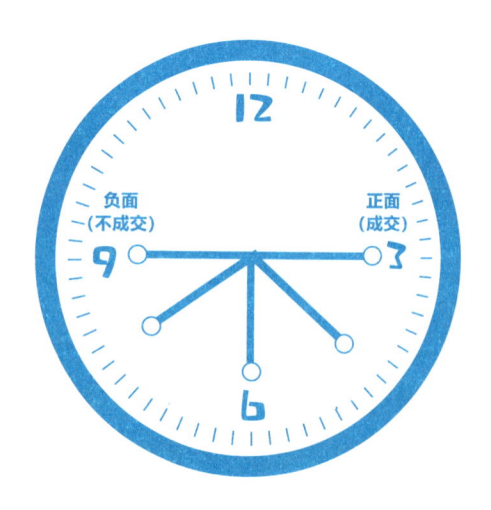

图6-4 钟摆运行原理

让我们来看看它具体运用的情境和话术,如表6-1所示:

表6-1 钟摆原理运用情境与话术

情境	客户的言辞	你的应对(钟摆原理话术)
接受	你们的东西不错,什么时候能到货?	也许没您想象中的那么快,您需要多快到货呢?
	你们的产品完全符合我的要求的,价格要是再低些,我们就可以成交了。	即使解决了价格问题,我也不觉得能够如此快成交。我能知道还有哪些因素影响您的决定吗?

（续表）

情境	客户的言辞	你的应对（钟摆原理话术）
中立	让我考虑清楚。	我能知道您对哪些方面还不满意吗？
不接受	你们这个价格，一点诚意都没有，根本没办法谈！	你的意思是说，这次谈判已经破裂了，是吗？
	你们上次出了这么大的问题，我根本不想和你们谈。	您的意思是说，在任何情况下，永远都不愿意和我们合作了，是这样吗？

● 练习题

请运用钟摆原理探测对方底线，并写出应对话术：

1. 合同条款不允许修改；

2. 你们必须多增加半年服务；

3. 你们必须降价，否则我们不采购；

4. 必须按我们的付款条件，否则拒签；

5. 我们再考虑一下。

（答案见参考答案⑰）

（五）解决分歧的话术

当你做好针对利益谈判的准备，了解到先开价的重要性，懂得了准备三个理由支撑你的报价，也知道如何探测对方底线的三种方法后，是时候来总结一下第二步，即解决分歧（谈判中场）的话术了。

1. 定义分歧

例如：您提到需要两个月到货，而我们只能承诺三个月到货。

2. 探讨备选方案

例如：我能知道为什么您需要两个月到货吗？……如果我们将账期延长一些，会不会对解决这个问题有帮助呢？……

3. 应对僵局

当谈判进入僵局时，不要着急，应对技巧详见（六）。

4. 达成的共识

例如：让我小结一下，我们为您提供两个月的账期，并承诺三个月到货。如果其他条件不变的情况下，这个问题就解决了。您是这个意思吗？

> **思考题**
>
> 如上除了第三句假设性问题在进行条件式谈判外，还有哪句话也是条件式谈判呢？
>
> 思考时间：3分钟

（六）处理僵局话术

如果使用以上技巧探讨备选方案时，对方回答仍是"否"，那可能将进入僵局状态，这时需要运用如下应对话术。不要让谈判卡在这一点上，可以先进入到其他分歧项，最后再回到卡住的点上谈，这样的好处是如果只剩下最后1～2项没达成共识，由于前期的"沉没成本"，会让对方舍不得放弃而做出让步。处理僵局的步骤及话术如下：

1. 承认僵局

例如：看来我们在这一点上卡住了。

2. 说明继续下去的理由

例如：既然我们已经为此付出了这么多的时间和精力，我想您也肯定不想仅仅因为这一点困难就放弃了。

3. 建议暂时变换节奏

例如：我建议我们休息10分钟，再回来谈。

变换节奏除了休息外，还可以有多种方式，如转移话题（转到其他分歧点）、更换或增加谈判人员、引入新的谈判参数、创造性思维、请求支援等。等其他分歧项都达成共识后，再回来处理导致僵局的分歧（一般只剩下最后1~2个），就比之前好处理很多，双方都会更有意向推进到达成谈判的共识。

（七）引导12种无效行为

虽然我们一直强调要往合作型谈判方向推进下去，但谈判对手有时也难免会使用一些伎俩或手段（本书将之定义为"无效行为"），如何能把对方拉回合作型谈判呢？以下列出了最常见的12种无效行为，请写出你的应对的方法。

● 思考题

1. 假消息：竞争对手给了更低的价格，你的价格不能接受。
2. 最后通牒：就这样了，能做就做，不能做拉倒！
3. 无权力：这事我做不了主。
4. 画大饼：现在只是个试用，如果合作不错，将会有个大单子给你们做。
5. 拍案而起：你们这样一点诚意都没有，没办法谈了！
6. 步步为营：等我们这项谈定了，再来谈下一项。
7. 黑脸和白脸：其中一个咄咄逼人，另一个打圆场。
8. 个人攻击：你太不专业了！
9. 拖延：有意延长谈判节奏，给你造成时间压力。
10. 公平竞争：同时邀请你和你的竞争对手到场。
11. 提及缺陷：上次的问题还没解决呢！
12. 临走时候"咬一口"：免费帮我做……吧！

> 请尝试用接下来所学的四步骤话术应对上述情境。
>
> 思考时间：30分钟

相信应对这些谈判伎俩的方法不是唯一的，如果我给你一把万能钥匙，可以开启应对所有无效行为的方法，你愿意拥有吗？

以下是应对无效行为的四步骤：

- 步骤1，说出自己的感觉；
- 步骤2，询问；

（当对方坚守立场时，询问原因；当对方攻击抨击你时，询问建议。）

- 步骤3，表示理解；
- 步骤4，重新定位对话重点。

（提醒潜在负面效应；强调共同利益；提出建设性建议。）

在使用这四步骤的过程中，容易忽略步骤1，即"说出自己的感觉"。为什么要说出自己感觉呢？因为人的感觉感受是相通的，当你说出自己的感觉而不是做评价时，对方容易产生共鸣；步骤3也是同理，让彼此产生共鸣，让客户感受到被理解，这样的话，步骤4的建议就更容易被对方所接受。我们经常容易忽略自己和他人的感觉，一开始的应用可能会有一定的难度，所以我提供给你一些表达感觉和情绪的词以做参考。

表示负面情绪的词：悲伤、懊恼、沮丧、失望、灰心、心痛、难过、可怜、委屈、气馁、心碎、消沉、不爽、泄气、伤心、哀伤、忧虑、沉重、可怕、后悔、无聊、苦恼、痛苦、辛苦、冷淡、不高兴、不快乐、不舒服、没盼头、悲痛、悔恨、忧郁、阴郁、丧气、凄惨、绝望、自暴自弃、虚空、孤单、寂寞、苦闷、迷惘、疑惑、茫然、无奈、无助、麻木、可惜、失落、郁闷、无力感、无依无靠、失魂落魄、生气、愤怒、怨恨、气愤、讨厌、厌恶、妒忌、不满、愤慨、烦躁、恼怒、怀恨、狂怒、恼火、无理、羞耻、自卑、内疚、窘迫不安、不好意思、焦虑挣扎、矛盾、紧张、恐惧、着急、惧怕、担忧、混乱、窒息感、不舒服、不知所措、无所适从、心烦意乱、无可奈何、无力感、心神不宁、憎恶、轻蔑、不喜欢……

表示正面情绪的词：开心、喜悦、喜乐、高兴、快活、快乐、爽快、舒服、舒畅、放心、愉快、感恩、感激、感谢、兴高采烈、崇拜、欢喜、欢愉、满足、满意、陶醉、乐观、幸福、自豪、甜蜜、温馨、温暖、轻松、宁静、松弛、怡然自得、兴奋、振奋、惊喜、痛快、过瘾、欣喜若狂、兴致勃勃、温和、生气勃勃……

步骤2中为什么需要去了解原因呢？因为解决方案一定是针对原因的，所以了解原因和对方想法就放在了步骤2中。步骤4中为何要突出负面效应和共同利益呢？因为心理学家研究发现，人行为背后的动机都基于四个字"趋利避害"。"趋利"和"避害"哪个对人行为影响更大呢？心理学家研究后发现，相对于"得到"来说，人们更害怕的是"失去"，所以"避害"在前，"趋利"在后。

现在用如上四步骤的话术，进行举例说明。

客户对你说的表达无效行为的话：我看你们一点诚意都没有！

步骤1，说出自己的感觉。

例如：这真的很让我为难。

步骤2，询问。

当对方坚守立场时，询问原因。

例如：我能知道是什么让您觉得我们没有诚意呢？

当对方攻击抨击你时，询问对方的建议。

例如：您有什么更好的建议吗？

步骤3，表示理解。

例如：我理解这对您来说很重要。

步骤4，重新定位对话重点。

提醒潜在负面效应。

例如：如果按照您所说的，可能会影响到……

强调共同利益。

例如：毕竟我们双方都想……

提出建设性建议。

例如：我有个不成熟的想法……，您看怎么样？

（八）其他讨价还价技巧

除了前面的各种技巧外，讨价还价还有如下一些常用的技巧和方法。

1. 高开原则

这里的"高开"是指，若想达成你的谈判目标，就要开出高于预期目标的条件。比如你是卖方，你就要开出高于目标的价格，更长的交货时间（比你可达成的时间更长，以便给自己一些让步空间和交换条件的余地）等。我们经常提及的"开价"，不仅限于价格，还包括交货时间、付款方式等所有需要谈判的要素。

高开的原因有如下三种。

第一种，谈判的核心是交换，双方或者至少一方要有让步。如果你不留一些余地作为后期让步的"交换条件"，只会让对方感觉你的态度是"要么接受，要么结束"，也许这场谈判还没开始就已经结束，因为对方会想："看来我们没啥好谈的。"可如果你让对方感觉有可以交换的余地，你的条件有弹性，那即便开始时高开一些也没关系，只要你能给出三个合理理由支撑你的开价，哪怕是行业最高，对方也能理解。所以，高开的同时，还要给对方"可谈"的感觉，高开是为了后面可以做交换和让步。

第二种，谈判中非常重要的是给对方"占便宜"的感觉，"高开"而后让步就能给到对方这种感觉。

第三种，可能你的预估是错误的。如果你不是很了解对手和他的需求，你可能并不知道他完全可能接受比你预期更高的条件或者他出售的东西的心理价位比你想象的要低很多，所以为什么不"高开"呢?

2. 不答应对方的第一次开价

有一次，陪一位朋友去商场买衣服，当走到一个橱窗模特面前时，我发现她的眼睛都直了。她悄悄地跟我说："太美了！"随后，她冲进店里问营业员那件裙子多少钱。营业员抬起头，打量了一下朋友的穿着，说道："这件是今年的新款，刚上市的，您真有眼光！这件上市价是2 880元，新品不打折。"还没等我说话，我的朋友大叫道："哇，比我想象中便宜多了。"最后的结果是她原价买下了这件衣服。实际上，我当时想跟她说的是这样的高端服装店是有VIP卡的，营业员手上也有一定的打折权限，只要她们愿意，她们完全可以进行一番操作给个折扣价，但前提是你不能答应对方的第一次开价，否则就透露了自己的底线。

3. 减少让步幅度

> **思考题**
>
> 以下报价策略哪个最好（单选）：
> A.第一次50万，第二次44万，第三次43.8万
> B.第一次50万，第二次48万，第三次43万
> C.第一次50万，第二次45万，第三次43.8万
> 思考时间：5分钟

看似答案都差不多，它们的区别是什么？如果给你一条毛巾，让你挤

干里面的水分，你觉得以下几种挤法，哪一种让人感觉毛巾里的水分被挤干了呢？第一种，第一次挤出了几滴水，第二次还是只挤出了几滴水，第三次依旧只挤出了几滴水，如果你再挤的话，给到对方的预期会不会里面应该还有几滴水？第二种，第一次挤出了几滴水，第二次挤出了一把水，第三次挤出了两把水，第四次挤时给对方的预期是不是里面应该会出来更多的水？第三种，第一次挤出了一把水，第二次挤出了半把水，第三次挤出了几滴水，第四次挤时给人的预期是不是里面可能没什么水分了？所以，让步也是同样的道理。让步的原则不是每次做等值让步，也不是让步幅度越来越大，而是让步的幅度需要越来越小。上题答案选**A**更佳。

4. 不主动折中

谈判中有一个现象，即人们认为各让一步是公平的，所以经常有人提出"折中"的建议。请你不要主动折中，因为谈判双方各有一次折中的机会，让对方先折中，你将得到更多。

● **练习题**

> 谈判的最后，我方坚持10万元，对方坚持8万元。对方说："谈了那么久，那就一人让一半，9万元吧（9万元你们公司可以做）。"
> 我方：＿＿＿＿＿＿＿＿＿＿＿＿＿＿＿＿＿＿。
> （答案见附录参考答案⑱）

5. 黑白脸

黑白脸是指，在谈判中一人扮好人（白脸），一人扮坏人（黑脸），这个技巧可以在不惹怒对方的情况下轻松让对方让步。

你否经在电视剧中经常看到这样的情境：一开始进来一个警察很凶，结果犯罪嫌疑人拒不承认犯罪事实，这个凶警察出去时还不忘来一句警告，但似乎也起不到任何效果。等这个警察出去后，会进来一个特别和善的警察，说自己特别理解犯罪嫌疑人的心情，也特别希望能帮助他，有什么困难让犯罪嫌疑人尽管说。到最后，犯罪嫌疑人开始痛哭流涕。和善的警察马上询问对方一句："说说昨天发生了什么（你到底杀人了吗）？"这时，犯罪嫌疑人已经把第二个警察当成了自己人，开始慢慢全盘托出……可是，这第二个警察真是"自己人"吗？这只是一种错觉罢了。在真实的谈判中，你是否也觉得某些情境和它如出一辙呢？我们的谈判对手惯用黑白脸技巧，我们极易上当，当你一人面对对方两人谈判时就要特别小心。如果我方有两人或两人以上时，也可以使用黑白脸技巧，因为它可以让我们在不破坏关系的情况下，快速让对方暴露底线。

因为疫情原因，我的某位朋友打算和房东谈谈降房租的问题，让我给帮忙出出主意。原来，两年前签约10 000元的房租，按现在的市场行情只有8 500元左右，可是合同是两年一签的，到现在仅履约了一年，无论任何一方毁约也都需要支付一笔不小的违约金，如何说服房东降价呢？我给他出的主意就是用黑白脸技巧。这位朋友是这么和对方谈的："房东您好，我想告诉您的是，我非常理解您的处境。我们签了两年的租约，到现在还有一年的时间，毫无疑问，我们必须按租约约定操作。可是现在出了一点问题，再过半个小时，我就要和董事会成员们碰面了，他们想让我问您是否愿意把租金降到8 500元，如果您不答应，他们就会让我关掉这家公司，而后还要和您申请减免这几个月空置的房租和违约金。"房东立刻抗议："那样我会把你们告上法庭的。""我知道，我完全同意您的做法。"我的朋友说："而且我也非常支持您。可问题是，我自己也必须向董事会交差。如果您说要起诉，他们可能会说，好吧，让他告吧，即便起诉，恐怕从立案到执行，没个半年一年也搞不定，而且他自己房子也会空置很久。"我的朋友说，从房东的反应来看，他的黑白脸策略立即有了效果。只听房东说道："你愿意和他们交涉一下吗？我愿意把房租价格降到9 500

元，如果还不能接受，9 000元也可以。"看看，这种方法是多么有效，它可以在不导致任何对抗情绪的情况下给对方施加压力。如果当初我的朋友告诉他，去告吧，恐怕要一年的时间才能最后执行，你自己也得不到任何好处，结果又会怎样呢？我猜房东一定会大发雷霆，并且双方都可能被后面事情搞得精疲力竭。

通过一个更模糊的、更高权威的黑脸，你就可以在不惹怒对方的情况下，给他制造巨大的压力。对我方来说，如何才能让对方的黑白脸技巧失效呢？那就是当对方在使用黑白脸技巧的时候，你不妨微笑着告诉对方："好了，你不是在和我玩黑白脸吧？坐下吧，别玩儿了。"通常情况下，对方就会由于尴尬而立即停止。

6. 人生如戏

人生如戏，全靠演技。适当的表演在谈判中也是需要的，特别是在交易型谈判中。

多年前，特别流行民间艺术家在景区里现场给游客画素描。有一次，我去朋友家做客，无意间看到这样一幅素描，特别逼真，便问了一下价格，50元，心想下次去玩时也让他们给我画一幅。不久后，我去某地游玩的时候，正好看到有艺术家在给现场的游客画画，我就问了一下价格，艺术家说："30元。"可惜的是，当时我并不懂任何的谈判技巧，所以，我当即非常开心，并请对方画了一幅，你猜接下来这位艺术家怎么说的？他说："如果要加框，还需要加十块钱；如果要上色，另外再加十块钱。"最后，我还是花了50元才把画拿回家。现在回想起来，如果用"人生如戏"的技巧，也许结果就会不一样了。"一幅画要多少钱？""30元。""啊，30元，这么贵！"当贵的神情出现在我脸上时，对方很有可能会说："这样吧，把画框送你吧！"如果我仍然表示出嫌贵的神情，也许对方就会说:"嗯,那再免费送你一个上色吧!"

如果对方报价后,你的反应很平静,就容易让对方感觉你已经接受。

7. 沉默是金

在谈判陷入僵局的时候,想要保持沉默往往要付出相当大的努力。但是,正所谓"小不忍则乱大谋",想在谈判中占得先机,忍耐是非常重要的。

我有个朋友是一名程序员。一天晚上,他正在家里编程,突然听到一阵急促的敲门声,但他的脑海中还沉浸在编程的情境里。打开门后,看到门口站的竟是房东,原来他租借房东的房子即将满两年,在第一年租约期满的时候,因为我朋友平时一个人住,也不开火,把房子保护得很好,房东就没有涨房租,就这样原价顺延了,他们也没有重签合约。这一次房东来找我这位朋友是因为马上满两年了,周边的同样房子的租金已经涨了700元以上,原来租给他3 800元,现在周边市场价已经是4 500元了。房东说:"小赵,你也知道,现在我们同样一套房子,租金已经到4 500元以上了。我也不给你涨那么多,第三年咱们按4 300元一个月算,你觉得怎么样?"我的那位朋友因为还没有从编程中缓过劲来,当房东这么说的时候,他转述我说他是面无表情地看着房东的眼睛一言不发,就这样过了大概三到四秒钟,结果房东忍不住了。房东以为他对于涨房租很不满意,于是马上接话说:"那这样,小赵,也别4 300元了,因为你对这个房子保护确实也不错,最低4 200吧,你觉得怎么样?"最后,他们以4 000元的价格谈成了。

中国有句古话叫:沉默是金,雄辩是银。"沉默"在谈判中是非常有威力的,因为谈判中经常是"谁先开口,谁先死"。

达成协议或谈判破裂

如果该做的都做了，暂时达不成合作，也不要马上关闭合作的大门，坦诚面对谈判破裂，打开一扇窗，说不定未来还可以再合作。达成口头上的共识时，合同往往还未最终签订，如何推进对方履约非悔约呢？谈判如果真的破裂了，又如何打开这扇窗呢？

（一）让对方感觉赢

如果达成协议了，先要恭喜你，但只要章还未盖，款项还未入账，理论上都存在悔约的可能。此时的你不要忘记，你的客户要的不是便宜，而是占便宜的感觉。所以不要忘记恭喜对手他为他们公司争取了最大收益，对他表示恭喜的同时，甚至可以再送给他一点意外的惊喜，让他充分感觉"占到了便宜"。多年前买大衣的经历让我记忆深刻。

一件大衣标价2 000元，试穿后我非常满意，但心里想着如果能还价到1 000元就买下它。如果是你会还价到多少呢？800元？600元？我还价到了400元，接下来发生的一幕把我惊呆了，对方竟然一口答应！我知道那个商场从来不可能有这么大的折扣，难道是衣服质量有问题？我当时的感觉是"赢"还是"输"呢？直到今天，我仍然感觉那件大衣买贵了，虽然它没有任何质量问题。可是谁知道对方是不是一个新手，不懂得讨价还价之道，又或者那个季度的奖金只差这一件大衣的营业额了呢？真实的情况已经不那么重要了，"输"的感觉让我记忆了10年。如果当年当我还价600的时候，她表现出非常愤怒的样子，并且告诉我没有人低于950买下过它，然后我们经过一番讨价还价把价格定格在900元的时候，带给我的快乐会不会更多呢？这件事情也告诉我，在终场话术时一定要突出给对方带来的收益，并尽量让对方感觉到"赢"，这样可以最大程度保证对方履约，并下定决心尽快付钱。

（二）终场话术

终场的结果可能有两个：一个是达成协议，另一个是谈判破裂。无论是哪一个，我们都期望最终双方受益，在给到对方良好感觉的同时，我们仍然要为未来的合作做好一切准备。

1. 达成最终协议例句

- 总结新的提案。

例如：让我总结一下，……还有什么要补充的吗？

- 突出利益。

例如：很高兴看到可以帮您……（提高绩效、控制成本、提升品牌形象）

- 确定双方行动计划。

例如：接下来，我将会……，您配合……，在……之前我们就可以正式启动流程，这样就可以按期开始工作了。您觉得怎么样？

2. 谈判破裂例句

- 表示遗憾。

例如：对于我们双方无法达成一致，我感到很失望。

- 解释你的决定，突出对对方的损害。

例如：如果按照您的价格要求，就无法保证服务质量，长期来讲，对于我们任何一方来说都不好。

- 不要关闭合作之门。

例如：不过我也很重视之前所建立起来的合作关系，仍然很有兴趣与您在将来合作。我希望您能在需要时记得起我们。

● 小结

1. 谈判三步骤：铺垫谈判—解决分歧—达成协议（或谈判破裂）

2. 开局破冰（开场谈判）做到三点：突出谈判对双方的利益点，确认已经明确所有顾虑点，营造合适的谈判氛围。

3. 解决分歧（中场谈判）做到三点：能先开价就先开，针对利益谈判，三个理由让开价合理。

4. 探测底线的三个方法：直接问，假设性问题，钟摆法。

5. 引导无效行为的三步骤：说出自己的感觉，询问原因或建议，表示理解，重新定位对话重点。

迈出第一步　第7招

谈判误区

（一）高开不会永远起作用

高开利用了两个被验证过的心理学原理，即对比原理和互惠原理。

首先，我们来看一下对比原理。假设我希望你以100元的价格买下我的产品，我开价200元。当然，我会用三个论据来论证支持我的报价，这样的话，与最初的报价相比，最后的100元成交价就将看起来非常合理。如果我的初始报价是110元，而最后只降了10元，你可能就会认为自己在这个交易中吃亏了。为什么同样是100元，但你的感受会不一样呢？这就是对比原理在发挥作用。想一想，当你买了一件上万元的西服后，营业员再给你推荐一条上千元的领带你更容易接受呢，还是营业员从一开始就直接向你推销1 000元的领带，你更容易接受呢？因为前面已经有了1万元的西服做铺垫，1 000元看上去就显得微不足道了。我们买车的时候，销售员会不会在最后还向你推销保险？因为，跟买车的价格相比，保险费简直不值一提。但往往我们在第二年的时候会发现，4S店卖出来的保险比保险公司直接卖给我们的会贵很多，但在当初，我们丝毫没有感觉到贵，因为一两千的保险费和几十万的车比起来根本毫无感觉。这就是对比原理在发挥作用。

其次，高开可以让互惠原理产生作用。A提出高开的要求，B拒绝，随后A做出了让步，降低要求。此时，B受到互惠原则的影响，感觉有必要做出合理的让步，以回应A的让步，甚至同意A的要求。心理学家发现这种"A高开——B拒绝——A降低要求"的过程适用于各种谈判。可见，高开是谈判当中非常重要的一种策略，但它并不永远起作用。在以下情况中，高开具有显著的缺陷和不足。

1. 你缺乏优势时

如果你缺乏优势，而且对方知道这一点，请你停止高开。否则，你将显得不理智和缺乏合作的诚意。假设你是这个行业的新兴企业，对方也知道你没有成功的标杆客户，但你却开出了非常高的合作条件，即便你知道自己有非常专业的技术人员和先进的产品（但还未被论证），那也可能会把客户吓跑。

2. 遵守不还价的行业规则

某些行业在报价时是不接受讨价还价的，比如说咨询培训行业。老师报给培训机构全部是统一的实价，所以很少有人会和培训老师或咨询师进行讨价还价。当有人联系我，要约我谈合作培训项目的时候，我只需要报一次价格，十有八九不是直接敲定就是直接告吹，因为在培训咨询行业中讨价还价不是正常的流程，培训师或咨询师的报价向客户表明了他的口碑和业务能力。

3. 合作型谈判情境

在合作型谈判情境中，因为关系同样重要，所以一上来就盛气凌人的虚报价格，通常是不明智的做法。为了表示合作诚意，我们可以在论据详尽可靠的前提下，提出基于论据的合情合理的报价。这样既兼顾了关系，也让我们仍有讨价还价的谈判余地，保证我们获得应有的收益。谈判高手为什么能开出既维护了关系又保证了利益的开价？因为他们前期做了非常细致的准备工作，对目标公司的情况的了解同对手一样详尽，甚至更好；他们能够换位思考，考虑到对方的自尊和情感诉求；他们懂得提问了解更多的信息，懂得倾听并表示同理。

（二）轻易妥协

前面，我们提到了四种谈判情境的应对策略，其中妥协虽然是每一个谈判情境中都有的策略，但它永远不会被排在第一位，也就是说，妥协并非最佳的谈判策略。我们经常误认为双赢谈判就是各让一步，做出让步本身是属于分割馅饼的范畴，并不是扩大馅饼的策略。妥协适用于谈判最后微小的分歧，以尽快结束谈判的策略。

（三）过于注重关系

过于注重关系，就容易产生迁就对方的想法，迁就并不能创造双赢的结果，还可能因此提升对方的期望值，如果遇到竞争性风格的对手，你可能将失去应有的利益。

（四）暴露自己的BATNA

暴露BATNA意味着暴露自己的底线，我们可以告诉对方我们的需求，以及我们需求的排序（偏好），但我们不能透露自己的BATNA，因为这容易将谈判引入到固定馅饼的分割，对方将不再考虑如何创意性地解决问题，你将筹码送给了对方。

综合运用案例解析

卖方是花儿团长娱乐文化传媒股份有限公司（以下简称花儿公司），假设你现在是京优剧院的总经理，你希望舞台剧《封不疯》于明年4月在京优剧院上演一周。而《封不疯》是由花儿公司代理的，它是北京最大的一家娱乐制作商。今天下午，你和花儿公司的销售代表要进行一场会谈。

作为京优剧院的总经理,你有责任把这场舞台剧引入剧院,并且达成对剧院有利的交易。你应该采取什么策略来最大限度地获利呢?

(一)铺垫谈判:确认问题并将问题按优先次序排列

在准备和花儿公司进行谈判前,你需要列出一个即将讨论的问题清单。

- 门票收入的利益划分。一般来说,剧院和制作公司会分享门票收入,但具体的百分比需要进行谈判。
- 演职人员的薪水。京优剧院付给花儿公司一笔演职人员的薪水,但总额需要谈判。
- 每周的演出次数。通常的演出数量是9场,包括5场晚间演出和4次周末日场。但演出数量也可以减少到7场或者增加平日的两个日场,这也是可以谈的。
- 演职人员的食宿开支。80名演职人员一周演出的食宿开支非常大,由谁来支付,这又是一个需要谈判的问题。

你花了整整三天的时间来确定你的底线,并且对花儿公司的底线做了最合理的估算。特别是你做了评估表(如表7-1所示),发现双方在每个问题上都有各自明确的底线和目标。

表7-1 京优剧院与花儿公司的目标与底线

	分歧项			
	利益划分 (京优剧院: 花儿公司)	演职人员的薪水 (万元)	每周演出场数 (场)	食宿安排
京优剧院底线	50:50	250	9	京优剧院支付
京优剧院目标点	70:30	175	11	花儿公司支付
花儿公司底线	70:30	200	11?	花儿公司支付
花儿公司目标点	50:50	275	7	京优剧院支付

注:★ 京优剧院并不知道花儿公司的底线和目标,这只是京优剧院的预估。
"?"表示不确定。

（二）解决分歧：寻找平衡点而避免妥协

你制定了一个策略，你对每个问题的开价都代表了你所认为的花儿公司的底线（总体条件略低于对方底线）。你向花儿公司提出这些问题，并且明确表示你对每一个分歧点的排序，如表7-2所示：

表7-2　京优剧院与花儿公司的开价

	分歧项			
	利益划分 （京优剧院： 花儿公司）	演职人员的薪水 （万元）	每周演出次数 （场）	食宿安排
京优剧院	70：30	190	11	花儿公司支付
花儿公司	50：50	250	7	京优剧院支付

结果，花儿公司拒绝了你的开价，并且提出了一组代表你底线的条款来讨价还价。

很显然，花儿公司也做了准备。你在会议室的白板上勾画出了这些提议的框架，快速检查了一下，你发现自己的利益一开始都遭到了反对。花儿公司希望得到门票净收入的50%，以及支付更多的薪水。花儿公司希望较少的演出次数以及免费的食宿。你感到有点慌，看起来这是一个固定馅饼的问题。接下来，花儿公司建议双方都做出让步，在每个问题上都采取折中的方法来消除差异。

花儿公司做了如下几个提议：

利益分配：60：40（京优剧院：花儿公司）

演职人员薪水：225万元/周

演出次数：9场

食宿：京优剧院负担住宿费，花儿公司负担伙食费听完花儿公司的建议,你内心甚至有些高兴,因为他的建议在每一个问题上都高于你的底线。所以,你认真地考虑,并且表示立刻接受,准备结束谈判。你叫来你的财务顾问,让他帮你评判所有这些条款对你的可能价值是多少,大约为236万元。你希望预测这些条件对花儿公司创造的价值又有多少。你对对方因此产生的预估价值是多少不能肯定,你预估这个提议对花儿公司而言净利润为549万元(885万元门票收的40%为354万元,加上薪水225万元,再减去30万元伙食费,共计549万元,如图7-1中的A点)。花儿公司的法律顾问已经草拟好合同,你们即将签约,然而你决定再等一等,等到第二天早上再说。

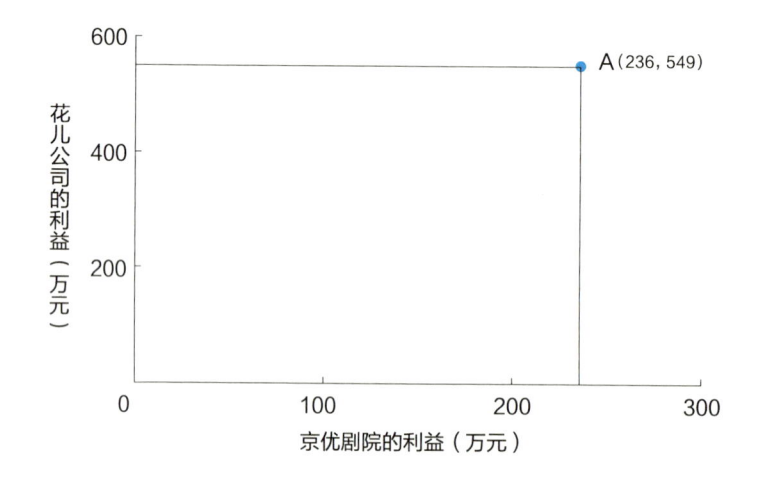

图7-1 京优剧院和花儿公司利益的第一次评估

晚上,你打电话给自己的财务顾问,他为你关于预期利益补充了更多的细节。他说,在常规计划的9场演出基础上,每增加一场门票,收入就会增加98万元,这就意味着如果你增加两场《封不疯》的日间演出,你的利润就会增加近20万元。你推测花儿公司的食宿支出会比增加演出场次更贵,因为演职人员已经到达演出地上海。所以,你决定再提出一个交换的提议:你负责演职人员整个星期的食宿支出(对你而言是95万元);作为交换,花儿公司增加两场日间演出。这将使你获得比前一个提议多120万元的利益（总额为356万元）。

第二天早上，你向花儿公司提出如下建议（图7-2中的B点）：

> 利益划分：60∶40（京优剧院∶花儿公司）
>
> 演职人员薪水：225万元/周
>
> 演出次数：11场
>
> 食宿：京优剧院支付所有的食宿费用

花儿公司当然很开心，你估计花儿公司的收入将会增加大约40万元。这是从住宿上省下的钱。同时，你也会增加收入。这就意味着，你已经从金字塔模型的一级协议升级到二级协议。

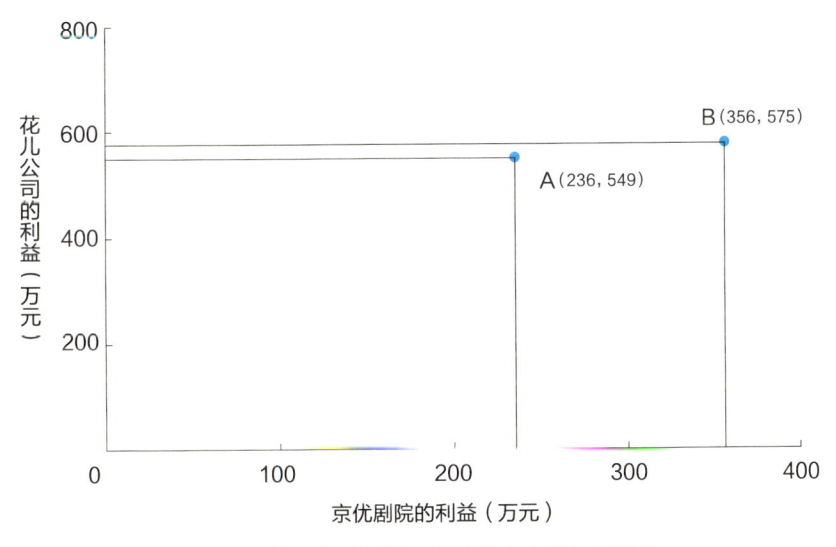

图7-2 京优剧院和花儿公司利益的第二次评估

花儿公司的律师准备了另外一份文件，让你签署，但你仍希望再思考一下。你觉得这些条款虽然可以接受，但你却为差点错过这额外的120万元的利益而感到害怕，你想再给自己一点时间，以免你忽略掉这场谈判当中更多的潜在价值。

你回忆起第一次和花儿公司进行谈判时，你们谈到了花儿制作公司的另外一个舞台剧《擦擦擦》，你与董事会讨论了要把《擦擦擦》引入京优剧院的可能性，董事会认为如果演职人员的薪水不高于100万元的话，你们会有较大的盈利。你决定问问花儿公司关于《擦擦擦》的计划。当你向花儿公司谈判代表提到《擦擦擦》时，他顿时两眼放出喜悦的光芒，他说收到很多关于《擦擦擦》试探性地询问，但是目前为止还没有一家公司与其签订合约。你直截了当地问他花儿公司有关演职人员的薪水问题。他说花儿公司的目标是100万元/周，底线是75万元/周。你提议给到花儿公司《擦擦擦》的演出薪水为80万元，他接受了。这样一来，你又为京优剧院在这项交易增加了20万元的收入，而花儿公司至少增加了5万元收益（如图7-3中的C点）。花儿公司的谈判代表给他的律师打电话，于是《擦擦擦》也被写进了合同。你希望再一次推迟完成这次交易，建议双方第二天早上一起去喝咖啡。

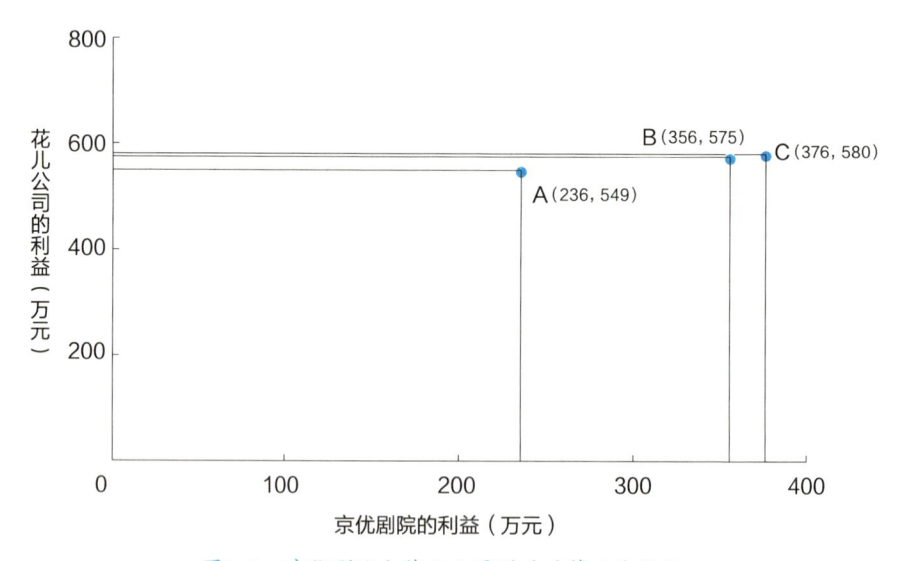

图7-3 京优剧院和花儿公司利益的第三次评估

回家后，你继续琢磨这笔交易，你希望在不重新谈判自己已经同意的条款的前提下，怎样使交易双方的利益继续增加。你觉得如果重新谈

第 7 招
迈出第一步

判要求京优剧院与花儿公司的门票利益比是一种不讲信誉的行为。你记得花儿公司的代表说过，他们认为《封不疯》整周的上座率可以达到85%~90%，但你却不这么乐观。事实上，你的市场经理提出大约会有75%的上座率。非常明显，你们两个人对演出的成功与否持有不同的观点，你并不知道花儿公司是否愿意在这上面打赌。你最初就告诉过花儿公司，你对演出的前景比较悲观，你解释说，按照目前的市场情况，根据你获得的同类剧目的历史数据，上座率不太可能超过75%，从而提出885万元门票的净收入。花儿公司代表不同意，并且声称《封不疯》所有演出的上座率都超过85%，而这意味着门票净收入会超过1 000万元。

你们讨论了将近一个小时也没有结果，最后你意识到对方不会改变主意，而你也不会改变看法。你突然想起来是否双方可以签订一个相机合同呢？于是，你对花儿公司提出如下的提议：

> 如果门票收入少于900万元，京优剧院将获得70%的利润；
> 如果门票收入在900到1 000万元，京优公司将拿走60%的利润（根据原始协议）；
> 如果门票收入超过1 000万元，京优公司将拿走40%的利润。

花儿公司欣然接受这项提议，并且同意参与这次博弈。这个提议对你来说有多少价值呢？你有80%的把握门票收入会低于900万元，你估计有10%的机会使票房收入介于900至1 000万元，而有10%的机会门票收入会超过1 000万元。你利用期望效用原则计算出你的期望价值。

0.8×63+0.1×56+0.1×40=50.4+5.6+4=60万元。

非常明显，600万元比当初的建议好多了。这笔交易对于京优剧院来说，比之前的协议增加了近70万元的价值（原来是885×60%=531万元），而对于花儿公司来说，也因此增加了20万元潜在收益（如图7-4中的D

点）。你现在确信你和花儿公司谈成了一笔好生意，而且在谈判的过程当中，你和花儿公司的关系显然有正向的影响。

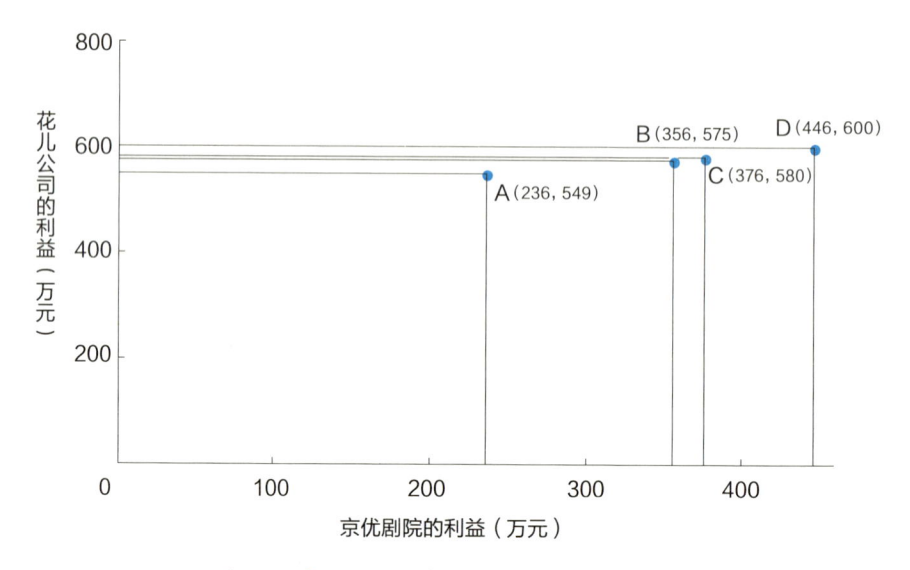

图7-4　京优剧院和花儿公司利益的第四次评估

在返程的路上，你又一次回想起整个谈判的过程，双方合作的利益一直在稳步提升。图7-4反映了每次连续的提议所产生的价值。通过一个互相交易的组合、利益相通、增加议题以及对不同期望下赌注（相机合同），你成功地使一个一级协议变成了三级协议（帕累托最优）。

迈出第一步

当我们学习了一项新的技能，也信心满满地做好了要去行动的计划，但却很难真正行动起来，这是怎么回事呢？

多年前，我家买了第一辆车，第二天一早我开车上班，在开上高架变道的时候被后面的车撞了，警察赶来看到我的车停在虚线的中间，所以判我全责。但这还不算完，那是我第一次处理交通事故，包括去车行定损，整整花了半天的时间才赶到公司去上班，当时我就在想，这开车还真不如我骑自行车上班呢，骑自行车也就一小时就到了。如果不是因为买了车无法退回，我想我可能就放弃开车了。但在三个月之后的一天，我惊喜地发现这项新能力给我带来的好处。那天我要去上海的远郊拜访一家客户，在那时除了公交车就没有其他的公共交通了，我转了三趟公交车才到达，之前为了拜访这样一家客户，来回几乎要占用我一天的时间，但现在我可以开车去了。你猜猜那天我拜访了多少家有效客户吗？六家。是的，你没有听错，我提升了六倍的效率。

我们的学习阶段会分为以下四个阶段。

第一个阶段叫作"不知道自己不知道"。在这个象限时，你是不会改变的，因为你还没有意识到自己有不足。

第二个阶段叫作"知道自己不知道"。你已经开始有了觉察。觉察就是改变的第一步。大多数人会停留在第二象限迈不过去，因为当你掌握了一个新的技能，你想去改变，可是在改变的过程中，你会遇到障碍，有些人就放弃了，所以他永远处在第二象限而很难向第三象限跨越。当我们努力地去改变我们的行为，最后形成了一个新的习惯时，我们就到了第三阶段。

第三阶段叫作"知道自己知道"。通过一次次的行动，你终于掌握了这项技能。

第四阶段叫作"不知道自己知道"。当我们一直这么做的时候，我们将从行为转变到新习惯的养成。大脑的神经元系统有一个特点，当我们一直用这种思维去思考的时候，神经元的这条通路就会越变越粗，就会让你养成这种思维的习惯。你将不再需要刻意练习，每一次表现都将是你的自然反应，你已经意识不到你在运用任何技巧了。

当你阅读完本书的时候，你肯定已经意识到了自己需要去改变了，请你勇敢地迈出第一步，克服行动过程中的不舒适感和困难，让新的行为变成新的习惯，从而改变我们的思维习惯，祝你成功！

> ● 小结
>
> 1. 避免谈判的误区：
>   - 高开不会永远起作用；
>   - 轻易妥协；
>   - 过于注意关系；
>   - 暴露自己的BATNA。
> 2. 迈出第一步。

附录

练习题参考答案

- 参考答案①

3. 先提出分给对方1元的方案，在谈判过程中逐渐让步到"分给对方4万元，给自己留6万元"的方案。

- 参考答案②

和老板谈如果裁员就无法完成工作，可能根本就没有任何效果，因为其他部门的主管也会这么说。当你不裁员的目的和公司裁员目的保持一致时，才是达成了"一致性"。公司裁员的最终目的就是节省资金，老板认为有效的解决方法是提高工作效率。因此，你需要这么和老板谈："我估算了一下目前承担的各项工作，我的下属可以极高效地完成1、2、3项任务，但完成4、5、6项任务会有些吃力。如果裁员10%后，只要将5、4、6项任务分配给其他更有能力处理的团队，即便大量增加1、2、3项任务，我的团队也能完成；如果能给我的部门多留些员工，我可以大大缩减跨部门协作的流程，更好地节省时间和成本，也就能帮助公司节省资金。"你这样说，既击中老板裁员的目的，也体现了自己部门的高效，使你的建议被采纳的可能得以大大提高。

这就是利用对方的"承诺"和标准，达成双方"一致"的方法。

● 参考答案③

玩具制造商在节前疯狂打广告，父母们问孩子们想要什么圣诞节礼物，孩子们自然就指着这款玩具，父母承诺买给孩子，但是圣诞节期间玩具商只摆放了少量该玩具，造成父母以其他玩具暂时代替该款玩具作为孩子们的礼物。在圣诞节后，这些父母因为承诺一致原则的作用，愿意原价为孩子购买该礼物，只为缓解自己失信于孩子的痛苦。

● 参考答案④

对于第一题中的1和2，大多数谈判者会选1，即确定的事情，对于1的强烈偏好体现出谈判者的基本行为准则：盈利时，规避风险。对于第二题中的1和2，多数谈判者会选择2，也体现了人们心理的一个准则：损失时，寻求风险。

● 参考答案⑤

产品和服务

提供给客户的货物或产品：

- 体积/数量
- 服务范围
- 产品配置
- 规格
- 质量、等级
- 执行计划
- 培训（数量、范围、时间、地点）
- 具体服务的时间
- 新的或旧的装置，流程和服务
- 特殊项目

- 客户经理和售后服务人员提供的服务
- 技术支持级别

其他：_____

价格

客户愿意承担的投资：
- 产品和服务的价格
- 捆绑和未捆绑的价格
- 规定的价格上涨
- 租赁或出租费用
- 折扣
- 财政收费
- 维修和支持费用

其他：_____

交易条件

销售人员的责任是供货，客户的责任是接货并按约定条件支付货款：
- 发货与安装日期或进度
- 库存和仓储方面的考虑
- 发货方式或发货渠道
- 包装
- 运费
- 租赁或购买
- 后续服务
- 常规维修
- 紧急维修
- 包含或不含质保
- 质保期长度与范围

- 退货条款
- 性能保证
- 瑕疵货物的更换
- 处罚条款
- 客户提供的材料与服务（进度表、品质）
- 付款条件
- 批量折扣
- 使用限制
- 合约期限
- 许可协议
- 法规条款
- 知识产权

其他：_____

● 参考答案⑥

1. 某些地区业绩好并不完全是因为市场活动（比如北方的面粉需求量就大于南方），大区总监们从自身利益出发选择了"分配标准"。
2. 今年业绩好，并不代表明年业绩也好，相反，很多规律告诉我们今年业绩好，明年业绩可能会差，后年又可能好。成功可能受确定因素、不确定因素（人员、技巧、市场活动等），同时也受到运气（未知因素）的影响，极端成功可能受"不确定因素"和"运气"的影响较大，所以用历史预测未来，不一定可靠。因为其他人的决策偏见可能会影响到你，所以你一定要对对方提供的信息、数据、观点进行验证和核实。

● 参考答案⑦

1. 现状：5分钟时间内打断对方超过5次，自己说话占80%，眼神没有总是看对方。

期望：在未来3个月内通过刻意练习，5分钟内打断对方的次数降到2次以下，自己说话少于50%，眼睛看向对方脸部的小三角区。

差距：在未来3个月内做到，5分钟时间内减少3次以上的打断，减少自己说话1.5分钟，减少眼神的不专注，能看着对方脸部的小三角区。

2．现状：一共有三个分歧点，分别是……

期望：3个分歧点，分别希望能谈到的目标是……底线是……

差距：3个分歧点与目标的差距分别是……

3．现状：与项目中的主要影响人的关系表现为：1、2、3……1～10分打分，与各主要干系人的得分是……

期望：希望与这些干系人能达到的关系表现为1、2、3……1～10分打分，希望与各主要干系人的得分是……

差距：两周内提升与各干系人关系得分差距分别是……，具体行为表现为……

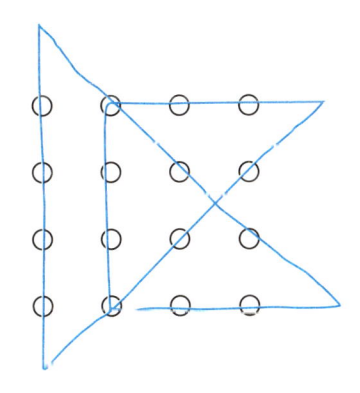

- 参考答案⑧

- 参考答案⑨

1．判断。2．判断。3．事实。4．判断。5．判断。6．事实。

7．判断。8．判断。9．判断。

- 参考答案⑩

不同的人的感受：

她自己这样说："我得捡柴回来烧火做饭……"

——淡定、平常

第二人这样说："你这么大岁数还捡柴，身体很好啊！"

——羡慕

第三人这样说："她这么大岁数还这样，太可怜了！"

——怜悯、同情

- 参考答案⑪

如果你的回应是诸如："小张为什么吵？""小张这样做不对。""这孩子确实太年轻了。"那说明你的倾听技巧还非常不足。你忘了面前的张经理才是你的客户，小张的死活和你没任何关系，你别被小张拐跑了。

这句话的参考回答是："张经理，您真是太爱惜人才了，跟您干，一定有前途。"

这听起来像是在拍马屁，但这就是张经理希望听到的答案，你必须让客户知道，你听到了。

- 参考答案⑫

如果是12月去谈，房东也不愿意降价，因为后面即将迎来旺季，他有更好的BATNA，所以选二更好。5～6月已过旺季，学区附近的房子绝大多数是学生家长租住，过了旺季，由于租金比一般房子贵而缺少租客，也有可能会空置很久。在旺季之后去谈，反而会有更多谈判空间，因为对方的BATNA发生了变化。

- **参考答案⑬**

1-卖家谈判区间；2-买家底线；3-协议区间ZOPA；4-卖家底线；5-买家目标；6-卖家目标；7-买家谈判区间。

我们谈判的目标是尽量靠近甚至超越2（影响对方调整底线）而不是4（输赢），更不是让谈判破裂（双输）。

- **参考答案⑭**

许多人都回答11，因为那包含切断每一个链环。正确答案是2。如果第4个和第11个链环被切断的话。那么从1到23的所有金额都可以通过从汽车旅店老板手里找零获得。分开的链环（第4个和第11个）是第1天和第2天给到的，第3天，三个链环的一组给老板，然后他返回分开的链环。第4天和第5天再使用这些链环，第6天使用6个一组的链环，然后老板返还其他的链环作为交换。这个过程可以一直持续到第23天。

- **参考答案⑮**

1. A；2. E

为使谈判更有效率，我们需要提升自我的演绎推理能力。

- **参考答案⑯**

2

- **参考答案⑰**

1.（不接受）您的意思是如果修改了合同条款，我们谈判就破裂了吗？

2.（接受）我们可能给不了那么多的服务时间，我能了解一下原因吗？

3.（不接受）您的意思是如果不降价，我们肯定无法合作了，对吗？

4.（不接受）您的意思是如果不按你们的付款条件，我们的谈判就破裂了是吗？

5.（中立）你们还有哪些地方不满意吗？

● 参考答案⑱

"嗯，一人让一半，你的意思是你愿意接受9万元对吗？我会和我的领导汇报的，看看公司的决定如何，明天我回复你。"第二天，你可以再折中一次，即9.5万元成交。

即便对方不愿意折中，你也可以得到一样非常宝贵的东西，没错！他们会感觉自己赢得了这场谈判。